JN410126

50년 만의 주례사

최학용 수필집

교음사

책 머리에

2015년 겁도 없이 첫 수필집 『비취반지』를 냈다. 그리고 이번에 『50년 만의 주례사』를 출간하게 되었다.

중1 때 작문 숙제로 낸 글이 학교 신문에 활자화 되면서 글쓰기에 대한 자신감(?)을 얻었다. 고교 때 문학반과 편집반 반장을, 대학 때 학보 기자를 하면서 글과 인연을 맺었다.

『비취반지』는 책 제목이 독자의 궁금증을 자아냈다는 칭찬을 받았다. 글도 중요하지만 책 제목을 보고 책을 열어보기 마련인지라 제목에도 많은 고민을 했다. 40여 편 중에 가장 마음이 가는 수필 『50년 만의 주례사』를 표제로 정했다.

지난 3년간 가끔씩 써온 글들을 모았다. 평창 동계올림픽 선수들의 피땀 어린 훈련 모습을 보면서 '나도 무언가를 하자'라는 마음이 불끈 솟은 어느 날, 원고들을 정리하였다. 보잘 것 없는 일상을 담은 글들을 읽고 다만 몇 명의 독자라도 삶의 생동과 위로를 얻었으면 하는 바람이다.

용기백배 힘주신 고려대학교 평생교육원 오경자 교수님, 수필문학 편집국장 이자야, 강병욱 국장님께 감사드린다. 또 평생의 반려자이자 동료 수필가인 남편에게 감사한다.

언제나 응원해 주는 아들과 며느리, 딸과 사위에게도 고마운 마음이다. 그리고 글의 영감을 준 손주들(윤혜원, 윤지원, 신동호, 신오성)에게도 고마운 마음을 전한다.

2018년 4월

저자 최학용

가족 사랑으로 가득한 따뜻한 수필

최학용 수필집 『50년 만의 주례사』에 부쳐

오 경 자
(수필가 · 국제PEN 한국본부 부이사장)

수필은 생활 속에서 만나는 소소한 일들에서 글감을 찾아 자신의 체험을 바탕으로 빚어내는 실명문학이다. 그런 특성상 자연스럽게 주변의 인물들이 글의 주인공으로 등장하는 경우가 많아 가족들이 주요 글감이 되기 마련이다. 가족의 일상생활이 그대로 드러나는 글이지만 그 속에서 수필의 진수인 진솔성을 찾아내기란 그리 쉽지 않다. 그것은 글 솜씨의 문제라기보다 작가의 심성에 따라 표현에 차이가 난다고 봄이 적절할 것 같다.

최학용의 수필은 가족애를 꾸밈없이 표현해 냄으로서 가슴 따뜻하게 가족애를 전해 주는 마력을 지녔다고나 할까? 유난히 그의 가족사랑은 수수하고 일상적이어서 자랑이듯

한데 거부감이 크게 일어나지 않는 묘한 구석이 있다. 분명 자랑인데 너무나 아무렇지 않게 자세히 쓰고 있어서 사경적인 표현에 힘입어 독자의 입가에 미소를 번지게 하는 그런 글이다.

부모님을 회상하는 글들도 절절한 마음을 그대로 진솔하게 담아냄으로서 마치 자기만이 부모님을 애틋하게 그리워하고 있는 양 보일 정도에 이르지만 어느새 독자는 잔잔한 그의 글에 이끌리어 눈시울을 붉히게 된다. 효가 실종된 현실에서 귀감이 되기도 하고, 독자와 작가가 쉽게 동일시되는 극적 효과를 불러 오기도 한다.

그의 부모님 사랑은 집안 어른들의 회고에 까지 폭넓게

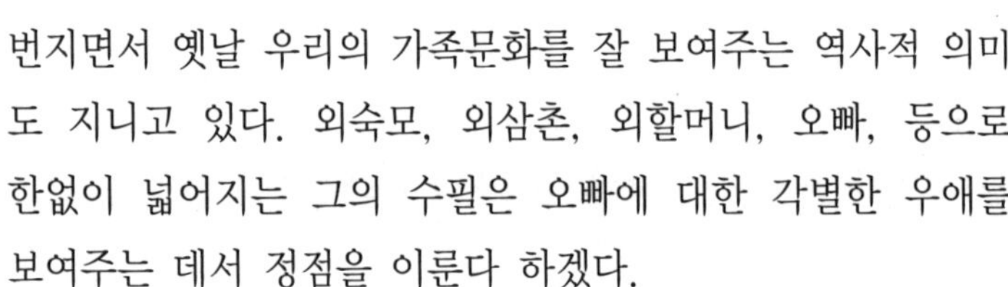

번지면서 옛날 우리의 가족문화를 잘 보여주는 역사적 의미도 지니고 있다. 외숙모, 외삼촌, 외할머니, 오빠, 등으로 한없이 넓어지는 그의 수필은 오빠에 대한 각별한 우애를 보여주는 데서 정점을 이룬다 하겠다.

실향민 남편의 외로움과 애환을 잔잔한 필치로 그려내며 수선스럽지 않게 비무장지대 안으로의 부부여행을 통해 잔잔하고 담백하게 그 고통에 함께하는 성숙한 면모를 보여주는 대목은 그의 수필의 백미라 할만하다.

평생을 병약하게 살아오면서 환경에 순응하는 자세가 몸에 밴 작가는 만사를 은혜의 산물이라고 보는 깊은 신앙심의 원천에서 수필을 길어 올린다고 볼 수 있다. 훌륭한 아

늘도 귀여운 손자들도 모두 감사로 보듬어 안고 기쁘고 즐거워한다. 자신의 든든한 버팀목이 되어주는 남편에 대한 고마움과 함께 있음에 대한 감사로 넘쳐나는 그의 수필은 메마른 세상에 지친 현대의 독자들에게 한여름 날의 한 줄기 소나기 같은 신선한 선물이 되기에 부족함이 없다고 본다.

수필을 쓸 수 있는 것도 행복으로 여기며 감사하는 최학용의 진솔하고 가슴 따뜻한 두 번째 수필집의 일독을 권하며 감히 추천하는 바이다.

제2 수필집 발간을 축하하며

남편 **윤백중**
(수필가·시인·경영학 박사)

요즘 올림픽 경기를 보면서 사람은 만능일 수 없고, 특수 분야에 소질이 있는 선수가 따로 있음을 재확인했다. 급변하는 세대에 살고 있지만, 시대를 보는 눈은 언제나 앞을 보고 가야된다고 생각한다. 수십 년 전 아내는, 맞벌이 부부의 어려움을 극복하며, 자식 남매를 모두 교육자로 키운 맹렬 여성이다. 극찬해도 부족함이 없다. 아들딸을 위해 직업 선호도에서 만년 1위, 신(神)의 직장인 고등학교 교사직을 과감히 버린 용기 있는 엄마였다. 십여 년을 근무한 모교에서였다.

필자도 고등학교 교사자격증을 가지고 있었지만, 취업이

어려워 초등학교 교사로 몇 년 근무했었다. 교사 월급으로 생활이 어려워 교사직을 사직하고, 개인회사에 취업을 했다. 아내가 자식들을 위한 결단을 하기까지 얼마나 고민을 했을까? 누구도 못 말린 자신만의 용단이었다. 아들은 대학교수로, 딸은 교사임용고시를 합격해 고등학교 교사가 되었다.

아들이 연세대학교 1학년을 마치고 입대 후 제대해서 복학 중이고, 딸도 숙명여대 대학원 재학 중일 때였다. 하늘이 무너질 것 같은 피할 수 없는 큰 어려움이 닥쳐왔다. 한참 애들을 돌보아야 할 때였다. 아내가 위암 진단을 받은 것이다. 말로 표현할 수 없는 좌절과 역경을 헤쳐 나가야했다. 참으로 긴 세월을 질병의 어려움 속에서 고통을 슬기롭게 극복하면서 살고 있다.

고등학교 때부터 글을 쓰면서, 소질을 인정받아 많은 활동을 한 글들이 『참대』라는 교지에 여러 번 실렸다. 자기가 좋아서 하는 일은 오래해도 힘이 안 든다는 말을 확인 중이다. 힘들어 지친 몸을 채찍질 하며 때 없이 컴퓨터에 앉아 글을 쓰는 모습은 아름다움을 넘어, 천사란 표현이 맞을 것 같다. 몸이 여기저기 아파서 잠이 안 올 때는 밤 12시, 혹은 새벽까지 글을 쓸 때가 있다.

수필 『비취반지』는 첫 번째 출간한 수필집이다. 본문 내용 중 제목 「선생님 저를 살려 주세요」는 "아직 공부시킬 아들딸이 있어요."라며 의사 가운을 잡고 살려달라고 애원했다. 20년 전 위암 진단 후 항암제를 맞아야 한다고 종양내과 선생님을 만나는 자리에서다. 매달리며 절규할 때 "초등학생 자녀가 있을 연세는 아닌데 우울증 아니세요?" 이런 내용의 글이다. 이 글은 여러 번을 읽어도 계속 눈물이 나는 글이다. 독자들의 일독을 권한다.

일상에서 소재를 잡으면 끝을 내는 감각적인 글 쓰는 재주가 있다. 소재의 상당한 부분이 손자 손녀들의 글이다. 둘이 혹은 혼자 짧은 나들이를 다녀와도 사물을 예사로 보지 않는다. 자세히 메모했다가 글을 완성하는 실력이 있다. 수필은 붓 가는 대로 쓰고 무형식이 형식의 특징이라 공부했지만, 진실성이 본질인 것 같다. 글을 계속 쓰다보면 제2의 박경리도 될 수 있고 정비석도 될 수 있다는 생각을 해본다.

글 쓰는 일은 정년이 없어 70이 넘어도 얼마든지 할 수 있다. 얼마나 다행인가? 필자도 기행 수필을 비롯하여 에세이집을 몇 권 출간했고, 지금도 글을 쓰고 있다. 우리 부부는 서로 돕고 대화를 하면서, 최선을 다하여 더 맛있는 글, 생각이 깊이 담긴 글을 쓰기 위해 열정을 쏟고 있다. 항상 행복감을 만끽하며 살려 노력중이다

아내의 수필 제2집 출간을 축하하며, 1집 『비취반지』가 많은 독자들의 찬사를 받았듯이, 제2집 『50년 만의 주례사』도 더 많은 독자들의 찬사가 이어지기를 기대한다. 글은 건강이 허락하는 한 쓸 수 있을 때까지 쉬지 않고 계속 써야, 건강하게 살 수 있다는 문인들의 경험담을 믿고 싶다. 앞으로 계속 제3집 아니 그 이상의 집필로 계속 건강이 지켜지기를 진심으로 바란다.

『50년 만의 주례사』의 발간을 축하드리며

아들 **윤석진**
(연세대학교 교수 · 천문우주학 박사)

어머니의 두 번째 수필집 『50년 만의 주례사』가 발간되었습니다.

어머니의 글 안에서
지금 저의 나이와 비슷했던 어머니를 만납니다.
그 시절 젊은 엄마는 어떻게 인생의 파도를 넘어 오셨는지 새삼 알게 됩니다.

어머니의 글 안에서
자식인 저도 미처 몰랐던 어머니를 만납니다.

어머니의 의식과 감성이 어떤 사람, 어떤 사물과 닿아 있는지 새로 알게 됩니다.

어머니의 글 안에서
나의 어머니를 넘어 우리 각자의 어머니를 만나게 됩니다.
누구의 마음에나 별이고 꽃인
우리 각자의 어머니,
위대하거나 혹은 소박하게 한 생애를 살아내신
우리네 어머님들 말입니다.

그래서
저는 제 어머니의 글을 좋아합니다.

어머니의 첫 번째 수필집에 공감하셨던 모든 분들께
더 깊은 향이 묻어나는 두 번째 수필집,
『50년 만의 주례사』를 기쁜 마음으로 권해 드립니다.
감사합니다.

2018년 2월

최학용 수필집

50년 만의 주례사

2부 짧은 동화

3부 50년 만의 주례사

4부 친구의 마음

5부 자연과 만남

1

분꽃

분꽃을 보니 엄마 생각이 많이 난다.
분꽃이 피었으니 저녁을 지어야 한다고 서둘러
보리쌀을 삶으시고 가지냉국이며 노각을 썰어
생채로 해주시던 손길이 그리워 서다.
마당 두레박 우물에서 물 긷는 게 재미있었던
그 시절이 고향 추억 중의 하나다.

고향을 만지다

금년 추석엔 특별한 나들이를 했다. 며칠 전 신문에 백마고지까지 가는 기차여행 안내 기사를 남편이 내밀었다.

추석 다음날이다. 고향이 경기도 이북인 남편은 가끔 같이 피난길에 오르지 못한 할아버지 얘기를 한다. 할아버지와 한상에서 식사할 때 상에서 반찬 투정을 해도 다 받아주시던 얘기며, 깊은 산에서 캐온 산삼을 손자인 당신에게 많이 챙겨 먹였다. 그래서 지금도 이만큼 건강 한가? 라는 얘기 등을 듣는다.

할아버지 사랑을 독차지하던 손자가 나이 12세, 1·4후퇴 때 피난길에 오르는 처지가 되었다. 할아버지께서 같이 안

나오신 이유가. "임진왜란 때도 길에 나간 사람은 다 죽고, 집에 있던 사람은 살았다"라는 얘기를 하시며 혼자 남으셨단다. 바로 밑에 여동생에게 할아버지 조석 해드리고 있으라고 두고 나왔는데, 동구 밖을 나서자마자 엄마를 부르며 따라 나섰다. 엄마를 놓칠까 어린 맘에 얼마나 다급했던지 손에는 깨진 바가지가 들려 있었단다. 만약 그 딸이 그곳에 남겨졌었다면 어머니가 어찌 88세까지 수를 다하셨을까? 하는 생각이 든다. 결국 할아버지 혼자 집을 지키신 일이 되었다. 가다가 오게 되겠지 했던 설마가 생사를 모르는 채 이산가족이 되었다. 지금까지 생신날에 제사를 모시고 있다. 손자를 얼마나 보고 싶으셨을까? 짐작하고도 남을 일이다.

12살 피난길에 혼자도 힘들었을 텐

데 네 살 된 사촌여동생을 업고 나왔다니 상상이나 할 일인가? 깍지 낀 손가락이 다 벗겨지고 피가 났다고 했다. 업고 온 사촌 여동생을 지난 주 그 막내딸 결혼식장에서 만났다. 피난 때 오빠 등에 업혀 온 얘기를 했다. 내년 오빠 팔순 때 꼭 불러 달라며 늘 가지고 있는 고마운 마음을 표했다. 업고 온 네 살 아이가 71세가 되었다. 세월이 흘렀는데도 가슴에 새겨져 있었나보다. 나도 수없이 들었던 얘기다. 이북 땅이라지만 그때는 문산 5일 장을 당일 보러 다니던 거리였다고 한다. 고향이 아주 멀었더라면 덜 안타까웠을까? 지척의 거리 경기도 북쪽(장단)이니 더욱 고향으로 향하는 마음이 자주 발동함을 가끔 옆에서 본다.

백마고지 전투는 6·25 전쟁 중 보병 9사단과 중공군이 벌인 전투를 말한다. 1952년 10월 6일 저녁부터 10월 15일 오전까지, 강원도 철원 서북방 395고지에서 심한 총성이 울렸다 한다. 모처럼의 긴 추석 연휴, 많은 사람들이 해외로 나간 사이 우리는 뜻있는 여행이라 여기고 백마고지로 떠났다. 1호선 전철로 서울을 가로질러 1시간 후 동두천역에 이르렀다. 여기서 백마고지 행 기차를 탔다. 기차 타는 곳이며, 시간을 물어물어 가느라 시간이 많이 흘렀다. 그곳에 가면 점심 먹을 곳이 마땅치 않다고 역무원이 일러주었다. 동두천 역 작은 김밥 집에서 오뎅과 김밥으로 점심은 해결했다. 늘 먹고 싶었던 김이 오르는 국물 맛 오뎅이다. 초등학교 앞 문방구에 선 기분이다. 귀한 기회를 만난 듯 마음이 설레기까지 했다. 서서 먹는 김밥과 꼬치 오뎅을 먹어본 일은 처음이다. 남편은 많이 어색해 했지만, 이런 점심 먹은 일도 오늘의 특별한 이벤트가 되었다. 즐겁고 기분 좋은 소풍날 같았다.

이 기차가 경원선 통근열차였다. 요금도 단돈 500원이었다. 1시간 달려간 곳은 백마고지역 철도 중단점이었다. 백마고지 역 표시판 밑에는 "철마는 달리고 싶다."라는 표시가 마음을 무겁게 누른다. 백마고지역은 근무자도 없는 대한민국 최북단 역이다. 중단된 기찻길. 녹슨 채 버려진 철로 위에 피어있는 들꽃도 힘없어 보였고, 파란하늘을 배경 삼아 나는 잠자리도 중단된 구역의 역사를 아는 듯 녹슨 철도 위에선 다시 선회하는 것 같았다. 고추잠자리, 너희들이라도 북쪽까지 날아가 자유를 누리지 그러느냐? 그 말이 무의식중에 나왔다. 신천리역, 월정리역 등을 지났다. 신의주까지 이어질 북으로 계속 달리는 날은 언제가 될지? 경원선,

강원도 원산까지 이어지는 철도였지만 분단과 함께 중간에 뚝 끊긴 신세가 되었다. 강원도 원산까지 이어져 남편의 고향 땅을 가볼 날을 고대해 본다. 통근열차 차량은 다섯 칸밖에 되지 않았다.

내부는 완향열차의 정서가 물씬 풍겼다. 쾌속 시대에 좀처럼 느끼기 힘든 아날로그적 낭만적일 수도 있을 텐데, 그런 마음은 들지 않았다. 동두천역서 백마고지역까지는 43km라 했다. 한 시간 달리는데 지하철 요금보다 더 적은 돈으로 탈 수 있음이 매우 인상적이었다. 달리는 차창 양쪽으로 보이는 마을은 조용했고, 뜨문뜨문 시골집들이 보였다. 전투지였다는 곳이 믿기지 않을 정도로 평화롭고 지나는 사람들도 평온해 보인다.

아주 오랜만에 시골의 경치를 보았다. 벼가 여무는 들녘엔 황금물결이 일렁이고 있었다. 거의 통일벼라고 남편이 말했다. 통일벼는 키가 작으나 소출은 많은데, "밥을 지으면 밥맛이 덜하여 지금은 잘 심지 않는데"라고 했다. 지금은 쌀도 밥맛이 좋은 쌀을 골라 먹는 세태인데, 맛이 적어도 소출이 많이 나는 벼를 심는 마을엔 아직도 경제성을 우선하는구나 하는 생각이 들었다. 끊어진 이 철도를 시베리아까지 연장할 정책으로 철도주변 주민들은 벌써 보상을 받은 지 몇 년째라는 믿기지 않는 얘기를 옆자리에 앉은 손님에게 들었다. 옆 손님은 이곳에 살다가 서울로 이사 후 친척집에 들르러 왔다니 정확한 정보인 것 같다. 어지러운 정세 속에 언제나 이루어질 일들인지? 모진 고생을 겪었던 피난민들에게 지난날들이 옛일이 되기를. "시련이 있을 때 더 기도하라"는 말이 떠오른다. 남편의 고향 북녘에 와서 기차를 타고 달리다보니 조국의 통일과 안녕을 비는 마음뿐이다. 내 생애에 다시는 전쟁이 없으면 얼마나 좋으랴. 깊어가는 가을 속에 고향 가고픈 마음이 같이 달렸을 거란 생각이 든다. 수구초심(首丘初心) 미물도 죽을 때는 제가 난 곳에 머리를 향한다 하건만 어찌 우리는 지척에 고향을 두고 가지 못 하는가?

남편을 백번 이해한다. 얼마나 고향이 궁금할까? 팔십을 코앞에 둔 노신사는 숙연한 자세로 북쪽을 향해 기도하고 있었다.

(2017. 10.)

분꽃

분꽃. 오후 4시경에 피는 꽃이라는 것이 추억 속에 있다. 그래서 시계를 대신한 꽃이라 했나보다. 아침엔 오므리고 있다가 늦게 활짝 피는 분꽃. 꽃말처럼 수줍고, 겁 많고, 소심하고, 내성적이라 아침부터 대낮을 피해 오후에 피나? 꼭 나를 닮았나보다. 색도 빨강, 노랑, 흰색. 그 중에 분홍이 많아 분꽃이라 했나? 신기한 것은 한 송이에 몇 가지 색이 어울려 피는 꽃도 있다.

옛날 얼굴에 바를 분이 없던 시절, 영글어 떨어진 까만 씨를 쪼개어 말려서 얼굴에 발랐던 게 화장품 분의 시초라 한다. 시골 고향집 장독대 옆 화단에 폈던 분꽃, 외갓집 화단

에 폈던 분꽃이 머리에 환히 떠오른다.

우리 서울 집 마당엔 사루비아를 엄마가 해마다 예쁘게 기르셨다. 우리는 그냥 깨꽃이라 불렀다. 분꽃을 늘 보아왔던 우리에게 사루비아는 새로웠다. 어쩐지 분꽃에 비해 이국적인 꽃 같았다. 그런데 분꽃이 남미가 원산지인 원예종이라니 의아하다. 17세기 전 후에 들어온 것으로 추정된다는 문헌을 보았다. 400년을 우리와 함께 해 온 정겨운 이름의 분꽃인데 요즘은 마당도 줄고 해서인지 전처럼 흔한 꽃이 아니다. 시골에 가야 만날 수 있는 꽃이니 분꽃은 그대로인데 우리가 분꽃을 찾아 볼만한 여유가 없기 때문인지도 모르겠다. 메말라가는 바쁜 생활이 유감스럽기까지 하다.

분꽃을 보니 엄마 생각이 많이 난다. 분꽃이 피었으니 저녁을 지어야 한다고 서둘러 보리쌀을 삶으시고 가지냉국이며 노각을 썰어 생채로 해주시던 손길이 그리워 서다. 마당 두레박 우물에서 물 긷는 게 재미있었던 그 시절이 고향 추억 중의 하나다. 분꽃 씨가 떨어지면 새까만 씨앗을 주머니에 주워 담아, 보는 사람마다 건네주면 다음 해에 꽃피우던 정을 나누었었다. 그 정이 사라지려할 때 고향 선산 성묘길에서 분꽃을 대하니 반갑기 그지없다. 땅에 떨어진 분꽃 씨 몇 개를 주워 주머니에 넣었다. 우리 아파트 정원에 내년에 심으리라.

우리 4남매가 고향 선산 입구에 도착한 시간은 4시경이다. 5월 엄마 기일에도 못 오고, 오빠 기일을 며칠 앞두고 7남매 중 시간 되는 사람만 온 것이다. 오빠가 떠나신 후 아직 슬픔도 가시지 않았는데 벌써 4주기다.

재실 앞 차에서 내리는 순간 환한 분꽃이 우리를 맞이한다. 지금 막 피었을 그 미소 띤 얼굴로. 오빠와 엄마 아버지가 마중 나오신 기분이다. 엄마가 "왜 이제 저녁 할 시간에 왔냐?"고 하실 것만 같았다.

우리는 준비한 꽃을 들고 각자 생각에 잠긴 채 산소로 향했다. 푹푹 찌는 오후, 오늘이 중복 날이라 수은주가 더 올라갔나보다. 더위가 무슨 대수겠는가! 연신 이마에 흐르는 땀을 씻으며 침묵이 흘렀다. 조상님들과 무언의 대화중이었다.

재실 울타리는 산뜻하게 칠해져있다. 오빠가 하시던 종친회 회장을 이어 받아 수고하고 있는 둘째 남동생의 노고가 보인다. 대문 옆 큰 나무가 베어졌고 환히 들여다보이는 재실 본관과 뜰이 평소보다 더 넓어 보인다. 울타리안의 감나무엔 올 해도 감이 주렁주렁 풍년이다. 당도하여 산소 앞에 서니 한식 때 애써 한 벌초가 무색할 정도였다. 봉분마다 풀이 무성하고 놀랍게도 오빠 봉분엔 수박 넝쿨이 덮였고 수박이 몇 개 달려있었다. 어째서 수박이…? 이상했다. 시골 동네 오빠 말이 맞는듯하다. 새가 수박씨를 먹고 똥 싼 게 싹이 나서 자랄 수도 있다는. 옛날 어릴 적 참외 먹고 원두막 근처 콩밭에 숨어 변을 본 다. 그곳에서 참외가 자라는데 익기 전 다른 작물을 심기위해 넝쿨을 걷게 된다. 그 덜 익은 참외를 개똥참외라 했다. 새가 날 다가 싼 새똥에서 싹이 난 수박을 무어라 부를까? 수박 넝쿨은 물론 가차 없이 뽑아 버렸다.

산소 앞에서 오빠! 엄마! 아버지를 불러도 대답이 없으시다. 한번 간 사람은 다시 오지 않는 진리 앞에 아연실색 할 일도 아닌 줄 안다. 저세상이 얼마나 좋으면 그곳에 간 사람이 돌아 왔다는 얘기는 들어 본적이 없으니….

조상님들께 차례대로 인사드리고 풀 몇 포기 뽑고 꽃만 상석에 둔 채 선산에서 내려오는 길. 상념에 잠긴 머리 위엔 나무그늘이 드리워지고 우리는 숲을 걷고 있었다. "울릉도 겨울바람엔 뼈가 있다"던 말이 생각난다. 중복 폭염 속에서도 우리 고장 여름 바람엔 서해안에서 불어오는 청량함이 있다. 엄마가 보내주시는 시원한 바람을 뒤로하며 많은 생각과 추억을 되새기는 성묫길에서 오빠와 부모님을 만났다. 가까운 식당에 들려 늦은 점심을 들며, 우리들의 화제는 부모님 산소관리에 쏠리고 있었다. 부모님, 오빠, 위 조상님께 향한 마음 추스르며, 떠나자 마음먹고 추석에 또 오겠다는 마음의 약속을 했다. (2017. 7. 22.)

기억 속의 약국

오늘도 주위환경 개의치 않고 차안에서 목을 길게 빼고 살피는 곳이 있다. 삼선교의 어느 약국 간판이다. 중·고등학교 때 자주 드나들던 약국이다. 꼭 아버지와 같이 갔던 약국이다. 왜 그렇게 배가 자주 아팠었는지?

경상도 사투리를 하시는 약사님이 마음에 드셨는지, 대학병원에서 검사하고 약을 지어와도 아버지는 꼭 그 약국서 상담하고 약을 지어 왔다. 약사님은 늘 친절했다. 그 당시에는 번듯한 자리였었는데, 몇 년 전부터 약국을 구석으로 옮겼다. 아무래도 덜 되어서 그랬을까? 오랜 단골이었기에 신경이 쓰였다. 중1때부터 결혼할 때까지 살던 동네의 약국이다. 17년 단골이다가 그 동네를 떠나고 그 앞을 지나 올 때가 많다. 한번 들려야지! 옛날 자주오던 여학생인 나를 기억하실까? 미남이셨던 우리 아버지도 생각나세요? 말을 건네 보고 싶었는데. 마음만 먹고 실천을 못했다. 전철이 생기면서 그 길이 번잡하여 쉽게 차를 세울 수 없었던 점도 이유였다. 약사님이 어떻게 변하셨을까? 궁금했는데 생각만 했을 뿐 세월 속에 묻혔다. 그런데 요즘 그 자리에 간판이 달라졌다. 옷집으로 바뀌었다. 아주 약국이 없어졌다. 약사님 연령으로 봐도 접으셨을 것 같다. 그 꼬마들은 어떤 일을 하고 있을까? 하루는 새벽기도를 마친 후 30분 이상 걸어서 살던 집 앞을 돌아보고, 그 약국 앞에서 서성였다. 물론 굳게 닫힌 없어진 약국 앞이다.

약국 풍경은 이랬다. 들어서면 정리되지 않은 진열장이 눈에 들어왔다. 살림집이 달려있는 마루엔, 똥도 싸놓고 보채는 고만 고만한 어린 아기가 셋이나 되었다. 약사 사모님으로 보이는 애들 엄마는 늘 지쳐있는 모습이었다. 혹시 약사 사모님도 나처럼 배가 아파서 지쳐있었던 것은 아닌지? 그런 생각이 들기도 했다.

오빠와 같이 했던 시절을 그리고 싶어서 갔던 옛날 집이고, 단골 약국이다. 생각하면 무모한 발걸음이다. 그래도 오빠가 경동고등학교 통학하던 길을 걸어 봤으니 조금은 위로가 되었다. 경동고등학교 운동장도 여러 번 갔었다. 오빠가 통학한 거리는 도보로 집에서 10분 거리였다. 오빠가 유도 선수였었는데 유도 특활실도 찾아가 보고 싶다.

유도로 다져지고 여러 가지 운동으로 건강을 챙겼건만 일찍 이승을 떠나셨다는 아쉬움이 늘 나를 괴롭힌다. 지금 내 나이에 오빠가 떠나셨다.

늘 배가 아파서 살이 안 붙었던 나다. 아침에 죽을 쑤어 먹여 학교에 보내시고, 점심 죽을 쑤어 식지 않게 싸고 또 싸서 수위실에 놓고 가시던 엄마를 떠올리니 가슴이 먹먹해진다. 불효했던 일들만 뇌리에 스쳐간다. 전차를 타고 죽이 식을까 노심초사 하시며 아현동 고개서 내려 북아현동 중앙여고까지 오시던 엄마! 정성된 엄마 얘기를 들어서 누나가 불쌍했던지? 막내 동생이 부부약사가 되었다. 내가 귀히 여기는 약국은 항상 우리 형제자매에게 신경써주고 도움 주는 동생이 경영하는 약국과, 삼선교의 그 단골약국이다. 약국 마루서 보채던 꼬마들도 60대가 되었겠다.

그 후 위를 절제한 아픔도 있었고 이런저런 병 치례를 많이도 했다. 건강하지는 못했어도 약을 잘 지어주셨던 단골약국 덕에 지금까지 목숨 부지하고 사는 것에 감사한다. 저의 오랜 단골이셨던 약사님! 오래도록 약국에서 아픈 사람들을 돌봐 주신 그 손길 오래 기억할 것이다. 어디 계시든 건강하시길 비는 마음이다. (2017. 3.)

엄마 생각

내 책상 위엔 엄마 아버지가 여행 가방을 무릎에 놓고 나란히 벤치에 앉아 찍으신 사진이 놓여있다.

엄마 아버지가 도고 신창역에서 서울행 기차를 기다리시는 모습을 담은 사진이다. 한국 콘도, 여러 체인 중에서도 서울서 가까운 곳이기에 자주 들르시던 곳, 도고온천이 있는 곳이다. 생신 때가 되면 자식들 신경 덜 쓰게 한다고 콘도로 떠나셨다. 떠나시는 날이면 칠남매가 버스나 기차역에 모여서 환송을 했다. 손에 쥐어드리는 용돈 봉투, 작은 생일 케이크 등은 두 분 얼굴에 웃음을 가득 실어드렸다.

차가 떠난 후 우리는 찻집에 들려 밀린 얘기들을 나누며

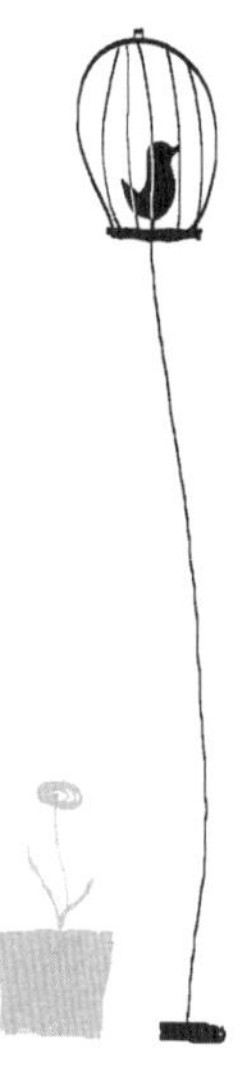

엄마 아빠의 즐거운 여행을 빌었다. 차에 오르는 손님은 달랑 우리 엄마 아버지 두 명 뿐일 때도 있었다. 열 명 이상 모인 우리가 탑승객인줄 알았던 운전기사가 실망조로 '같이 안 가세요?' 하며 허탈해 할 때도 있었다.

도착 후 꼭 도착 소식을 전화로 주셨다. 그 다음날 또 시간 되는대로 칠남매 중 몇 명이 콘도로 예고 없이 습격 하듯 나타난다. 엄마가 콘도에서 끓이신 미역국에 준비해 가신 생일상도 칠남매의 추억상자에 담겨있다. 못 말리는 자식들이다.

결혼 전도 그 후도 엄마 댁에 가서 엄마가 집에 안계시면, 가방을 손에 든 채 시장 가셨다면 시장에, 아니면 어디서든 엄마를 찾아 같이 집에 들어갔다. '엄마 금방 와'라는 아버지 말씀도 들리지 않았다. 오직 엄마를 찾던 생각이 지워지지 않는다. 엄마를 그리는 그리운 마음을 접고 사는지 얼마인가? 엄마가 안 계신 집은 빈집 같다던 생각, 이 세상엔 아무도 없는 것 같은 생각, 학교서 집에 들어서자마자, 엄마를 크게 부르던 버릇의 자식들, 어느 듯 막내가 중늙은이가 되었다.

책 읽으시던 구성진 엄마 목소리, 재미난 얘기책들이 엄마 손에 들려지면 실타래 풀리듯 마술처럼 재미가 더해진다. 낮에 밤참으로 준비한 식혜며, 찹쌀 부꾸미, 한과, 홍시 등이 한상 가득 차려진다. 시골집 겨울밤은 안방에 가득 모인 동네 어른들이 엄마의 구수한 책 읽는 소리에 빠져드는 밤이었다. 어른들은 이제 다 고인이 되어 같은 선산에 누워계신다. 모두 친척들이다.

엄마가 세상을 떠나 신지도 어언 12년이 된다.

『사씨남정기』, 『숙영낭자전』, 『구운몽』 등의 고전을 즐겨 읽으시던 엄마는 영화도 좋아 하셔, 동네 극장 프로가 바뀔 때마다 극장을 찾으셨다. 그 시대에 그런 엄마는 우리 엄마뿐인 것 같다. 며칠 전 꿈이다. 도고역에서 여행 가방을 무릎에 놓고 벤치에 앉아 계시던 엄마 아버지는 여전히 콘도에서 우리를 기다리고 계셨다. 엄마 손을 잡으려 "엄마!"라고 크게 부르며 잠에서 깼다. 새벽 기도 갈 시간이었다.

(2017. 12.)

엄마 사진

엄마의 흑백 사진 한 장이 내게 있다. 여권 사진만한 크기다.

아버지와 중매 얘기가 오갈 때, 아버지가 받은 사진이란다.

이 사진은 평택 시골집 대청마루 액자에도 들어있었다.

곱고 고운 선한 눈매, 적당히 다문입술, 예쁜 코.

난 정말 엄마를 안 닮았다.

사람들은 나는 아버지와 너무 똑같이 닮았다고 했다.

어느 날, 파마를 하고 현관에 들어서다 거울 속에 비친 나를 보고 깜짝 놀랐다. 영락없는 엄마 70대 때와 똑 같은 나를 발견했다.

거울 속에 선 나는 나이가 들어 갈수록 엄마를 꼭 닮아 가는 엄마의 딸이다.

바라만 봐도 나를 지켜 주는 것 같은 엄마.

엄마와 난 매일 대화를 나눈다.

오늘도 엄마를 바라보며, 잘 못해드린 일들이 떠오른다.

잠깐이라도 우리들 앞에 오실 수 있다면 얼마나 좋을까?

엄마 떠나신 후 하늘을 쳐다보는 습관이 생겼다.

별들도 무성히 피었다. 한겨울이지만 무척 포근히 보이는 불빛이다.

엄마! 보고 싶어요.

어느새 눈가에 촉촉한 눈물 한 방울이 소매를 적신다.

마실꾼들의 긴긴 동짓달의 밤을 빌려 하룻저녁 얘기를 나누고 하늘에 올려 드리고 싶은 밤이다.

엄마 품이 그립다. 엄마 품에 안기고 싶다.

팔십을 바라보아도 엄마에겐 아기인 나다.

(2017. 2.)

엄마와 아버지

엄마와 아버지 두 분이 사실 때다. 엄마는 팬티만 입으신 상태로 누워계셨다.

아버지는 계속 엄마 여기저기에 파스를 붙이고 계셨다. 가슴 배 팔 다리 등 쪽 까지 도배하듯 빈틈없이 붙이고 계셨다. 얼마나 아프시면 저렇게 많은 파스를! '엄마 그만 붙여요.' 답답하기보다 시원해서 좋다하신다."

'눈만 빼고 다 붙이고 싶다' 하셨던 엄마.

내가 요즘 앉았다 일어나면 다리가 불안정하며 사방이 쑤신다.

아! 엄마가 아마 이러셔서 파스로 도배를 하셨나보다.

엄마를 이해 못했던 일들이 한두 가지가 아니다. 파스는 약국 하는 아들 내외가 댔다.

돌아가시기 전 3일 항문으로 하혈을 한 대야 분량은 하셨다.

파스를 과용한 이유일까? 검사해 볼 겨를도 없이 세상을 뜨셨다.

우리의 작별한 날은 2005년 5월 28일 화창한 녹음 우거진 초여름이었다.

엄마 장례식

서울 아산 병원 장례식장.

하얀 머리의 아버지가 머리를 깊이 숙이셨다.

'여보 내가 애들과 3년만 살다 당신께 가리다."

그 후 아버지는 자식들이 어떻게 해드려도 쓸쓸하고 초라해보였다.

엄마 안 계신 세상은 아버지께는 의미가 없었다.

엄마 안 계신 세상은 많이도 달랐다.

집에 들어서자 엄마! 부르던 자식들의 입은 얼어붙은 듯 축 쳐진 아버지의 어깨만 보일뿐이다.

'염색 하라고 성화 하는 사람도, 모자, 마스크, 장갑, 목도리 챙기는 사람도 없고.'라고 말씀 하시는 아버지의 얼굴엔 눈물범벅이시다.

그 후 3년은 불안했다. 아버지가 엄마와 약속하신 해인데 안 가시던 노인정도, 엄마가 반대하시던 교회도 나가셨다.

하나님을 영접하심이 큰 축복이었다. 신사복에 성경을 드신 모습, 가끔 찬양하시던 모습이 눈에 선하다.

2013년 9월 24일 경기도 평택 선산 엄마 곁으로 가셨다.

그해 94세였다. 엄마 가신지 8년이 지났다.

엄마와의 3년 약속은 못 지키셨다. 자식들에겐 다행이었다.

밤이면 도란도란 우리들 얘기로 밤을 지새우시겠지?

부디 우리 엄마 아버지 두 분 영면하시길 빈다.

(2017. 2. 27.)

어머님 죄송합니다

방송에서의 예보대로 호되게 추운 날 오후.

이런 날은 고향 평택 쪽에서 엿 고는 냄새가 코로 솔솔 들어오는 듯하다. 장작불이 훨훨 타오르는 가마솥에서 엿을 고는 구수하고, 달착지근한 냄새가 난다. 그리고 쩔쩔 끓는 아랫목에 엉덩이를, 어깨를, 온몸을 데이도록 지지고 싶은 날이기도 하다.

옛날 엿에 얽힌 일이 생각난다.

올해 사십이 훨씬 넘은 아들이 태중에 있을 때 일이니 까마득한 옛날얘기다. 근무하는 학교 근처로 이사를 한 후, 시어머니가 처음 아들 집에 오신 날이다. 기다리고 계실 시어머니를 생각하니 마음은 벌써 집에 가 있었다. 그런데 3월, 출산예정일을 앞둔 남산만 한 배를 안고 언덕길을 오르자니 숨을 헐떡이며 집에 당도했다. 반가이 인사를 나누었다. 힘들 각오로 엎드려 절도 올렸다. 그때 절을 올리는 것은 친정서 배운 어른들께 드리는 자연스런 예법이었다.

어머니께서 직접 고아오신 엿 보따리를 내놓으셨다. 노랑콩가루가 입혀진 연한 갈색의 투명한 엿과 고소한 냄새가 환상적이었다. 일요일 당직을 마치고 퇴근했으니 출출한 시간이다. 허기진 상황에서도 잠깐 어릴 적 친정에서 우리에게 각종 엿을 고아주셨던 친정 할머니 얼굴이 엿 위로 지나갔다. 얼마나 맛있었는지! 주섬주섬 많이도 먹었다. 저녁식사 때도 밥 대신 엿을 계속 먹고 있었다. 옆에서 보고 계시던 시어머니는 아들네 오신 기쁨을 감추지 못하는 표정이셨다. 여기에 당신이 해 오신 엿에 반한 며느리를 보시고, 무겁게 들고 오신 여독도 풀리신 듯했다. 만면의 미소가 말해주었다. 퇴근한 아들과 대화가 오갈 때였다. 입안에서 딱딱한 물체가 씹히는 게 아닌가? 자세히 보니 금니였다.

“어머니! 웬 금니예요? 이게 누구의 금니일까요?” 지금까지 정신없이 맛있게 먹은 엿에 갑자기 속이 뒤집힐 정도로

불쾌했다. 어디서 들어갔는지도 모를 금니를 넣고 며칠을 가마솥에 고았을 생각을 하니 찜찜했다. 이 일을 어쩌나? 난감하기는 시어머니도 매 일반이셨으리라. 그때 시어머니 표정이…. 순간 똥 씹은 얼굴이었다. 물론 시어머니의 아들은 먹어볼 생각도 접은 상황이었다. 들어 갈 일이 없다고 하시는 시어머니, 며느리가 들고 있는 금니에 세 사람이 서로 얼굴만 쳐다보았다. 시어머니는 아까워서 버릴 수 없다 하셔서 승강이를 벌였다. 시누이들과 나누어 먹을 선물인데 마음이 심히 불편하기는 다 마찬가지였다.

얼굴이 익을 정도로 장작불을 지피고 부뚜막에 앉아 긴 나무주걱으로 넘기지 않으려 며칠을 젓는 수고를 나도 알기에 아깝고 안타까웠다. 엿은 넘으면 남김없이 다 넘는 특성을 알기 때문이다.

정말 시어머니께는 크나큰 사건(?)이었을 것이다. 우리 내외에게도 큰 사건(?)이었다.

시어머니 잠자리를 해드리고 잠이 들려는 순간이었다. 아니! 이게 웬일인가! 내 어금니 한쪽이 허전했다. 양치질할 때도 몰랐는데 금으로 입혔던 자리가 허전해서 혀를 넣어보니 금니가 없었다. 이걸 어쩐담? 내가 씹었던 그것이 내 금니였단 말인가? 어머니의 수고를 섭섭해 할 아들(남편)과 시어머니께 차마 말씀을 드리지 못하고 지냈다. 그야말로 지금까지 덮어두었던 비밀이다.

시어머니께서 정성스레 고아오신 엿 속의 이물질인 금니가 내 것이라니! '껌이나 특히 엿을 씹는 일은 삼가라' 했는데 그런 실수(?)를 하다니, 그것도 강 엿을 쩍쩍 입 벌려 조심성 없이 씹었으니, 어처구니없는 일이었다. 다시 이를 해 넣으러 치과에 간 날. 엿 얘기로 의사 선생님과 많이도 웃었다. 그리고 결혼을 앞두고 아버지가 나를 데리고 가셔서 멀쩡한 사랑니를 빼 달라던 일도 잊지 않고 계셨다. 더구나 사랑니 빼러 갔던 이유도 생생하게 기억하고 계셨다. 넉넉지 못한 신랑 만나 새댁이 치과에라도 갈 일이 생기면 어떻게 하려느냐? 하는 아버지의 완벽한 생각을 기억하고 계신 것이다. 그런 일도 거의 없는 상황이라 기억하고 있다며 다시 크게 웃으셨다. '아버님 잘 계시냐?'는 안부도 잊지 않으셨다.

버린 엿의 양을 생각하면 가슴이 메어진다. 옛날 헌 고무신 짝, 빈병, 쇠붙이로 엿을 바꾸어 먹을 때였다면, 엿장수가 가위 소리 재깍대며 10년은 바꾸어 줄 엿의 양은 될 성싶다. 다시 아까운 생각과 시어머니의 손수 고아오신 성의에 죄송한 마음 가득하다. 새삼 후회가 된다. 엿을 한번 고아서 엿 잔치를 해야 되려나 보다. 지난 구정에 딸이 시고모님이 손수 고았다는 조청과 찹쌀 부꾸미를 가져와 맛있게 먹었다. 그때도 옛날 엿 사건(?)을 떠올렸다. 씁쓸한 미소를 지울 수가 없었다.

시어머니께서 우리 곁을 떠나신 지 17년. 그 후 시어머니가 고아 오신 그런 엿의 맛은 아직 대하지 못했다. 겨울이면 시어머니가 고아오신 엿이 생각난다.

어머님! 죄송합니다. 저의 경솔함이 빚은 불상사를 넓으신 아량으로 용서하여 주시길 두 손 모아 빕니다.

어머님 사랑합니다. (2017. 12.)

엄마 기일에 부치는 글

사랑하는 엄마!

엄마가 천국에 가신지 두 번째 맞는 기일이네요. 아버지 모시고 둘째 아들집에 다 모였어요. 막내딸 아들인 우성이까지 왔으니 칠남매가 모두 참석한 셈이네요. 엄마께서도 이 자리에 함께 하셔서 저희를 위로해 주시길 바랄게요.

지난 8일 어버이날도 아버지 모시고, 점심을 같이 했는데 만 가지 생각이 들더군요. 아버지가 측은하게 생각됨은 날개 한쪽이 떨어져서인가요?

그렇게도 자식들 자랑에 당당하시던 아버지께서, 오빠의 사업실패로 한쪽 날개를 잃은 듯 하셨는데, 다시 엄마의 떠나심으로 한쪽 날개를 마저 잃으신 셈이지요. 아버지께선 늘 엄마생각을 하고 계시지요. 저희들이 가져간 카네이션 꽃바구니도 엄마 사진 옆에 놓으라 하시더군요.

엄마! 혜원이에게 편지 쓰는데 "너희들이 엄마 아빠께 어버이날이라고 어깨를 주물러 드렸다니 효도했구나." 하는 칭찬 중에 "할미닌 우리 엄마(증조할머니) 사진 앞에 편지와 카네이션 꽃을 놓아도 아무 말씀도 없으시더라. 엄마라 불러도 물론 대답도 없으시고." 이렇게 쓰는데 얼마나 눈물이 쏟아지는지 걷잡을 수가 없었어요. 점점 엄마가 그립고 뼈 속 깊이 사무침은 나이 탓일까요?

혜원이에게 말했어요. "할머니도 우리 엄마가 계실 때는 행복했다구요, 엄마가 계시다면 예쁜 옷도, 잘 드시는 오렌지, 토마토도 사드리고, 도토리묵도 쑤어 드릴텐데요. 계실 때 못한 효도. 용서만 빌 뿐 나약한 모습만 보여서 죄송해요.

엄마 아버지가 살아계심 만으로도 친정의 든든한 힘이지요. 반쪽이긴 하지만 아버지께선 지금도 저희들의 해결사시거든요. 엄마께 못한 효도, 아버지께 잘 해드린다 하면서도 오히려 몸이 늘 아파서 걱정만 끼치고 있어요. 어려선 엄마는 아프지도 않은 사람, 엄마는 무지개 같은 꿈도 없는 사람인줄 알았어요. 이제 철들어 효도하려니 훌쩍 꿈같이 떠난 엄마가 미울 정도로 아쉽네요. 왜 진작 깨닫지 못했을까요? 아무리 엄마를 불러도 대답 없으신 엄마가 너무 보고 싶어요. 날이 갈수록 그리워지는 건 언제나 귀한 그 이름 엄마를 못 불러서일까요? 하늘의 마음을 빼 닮으신 엄마가 사무치도록 보고 싶어요. 저희들은 복되게도 하나님을 닮은, 엄마 아버지를 허락해 주심에 늘 하나님께 감사드리죠. 지금 홀로 계신 아버지께 둘째 아들 내외와, 혜원이의 섬김을 허락해 주심도 감사드려요. "아버지께 효도할 수 있는 여건이 되게 허락해 주옵소서."라는 기도를 늘 드리지요. 이젠 엄마의 잔잔한 미소는 추억으로 간직되었지만 늘 해주시던 엄마의 기도는 저희들에게 세상을 이길 능력을 주셨어요. 지금 생각하니 살아계심 그 자체가 헤아리기 어려울 만치의 힘임을 알았어요, 늘 엄마가 하나님과 함께, 곁에 계시다 생각하며, 가슴속에 훌륭한 어머니로, 현명한 아내로 극진히 효도하신 며느리로서, 손자며느리로서, 사랑과 효로 일관된 삶이었음을 가슴깊이 간직하고 있어요.

80세의 연세에도 조상님 제사를 손수 모신다며, 고집하시던 엄마의 충정을 모르는 아들이 아니지만, 둘째 아들이 고맙게도 엄마 힘 드신다고 제사 모셔갔을 때 조상님께 죄송하다고 고민하셨죠? 우연히 본 엄마 일기장엔 "춘천 아들이 제사 모셔가고 첫 제삿날이다. 오늘이 시모님 기일이다. 너무 죄스러운 마음이다. 춘천 쪽을 향해 절을 올렸다."라고 쓰셨더군요. 조상님, 그리고 위아래 모든 이들에게 극진한 정과 사랑을 저희들이 어찌 흉내라도 낼 수 있겠어요. 엄마의 천사표 마음과, 아버지의 정갈하시고, 자상한 기품을 귀히 여기며, 부끄럽지 않게 살아가는 저희들이 될게요.

저희들 언젠가 천국 가면 엄마를 만난다는 소망으로 지내고 있어요. 엄마 만나면 할 얘기도 너무너무 많아요. 지난

아버지 생신날은 조촐하게 미수 잔치로 모였어요. 그때 얘기도 해드릴게요. 그 외에도 둘째가 아버지 모시는 얘기며, 오빠 이사하신일, 수진, 규선, 원규가 차례로 아기 가진 일 등 새로운 소식이 많네요.

엄마 이런 얘기 있지요? 부모가 자식에게 정말하기 싫은 말 세 가지가 있다고요. 첫째 배고프다. 둘째 외롭다. 셋째 아프다. 저희들이 미리알고 눈치껏 섬기지 못하고, 오히려 투정이나 부리고 "사랑한다."는 말 한마디 따뜻하게 전하지 못한 불효막심함과 늘 부족했음을 용서해주시고 부디 편히 쉬세요. 조상님 그리고 윗사람과 주위 모든 사람 누구에게나 극진한 정과 사랑을 주시던 엄마! 저희들에게도 극진한 사랑의 피가 흐르기에 아버지의 정갈하시고 자상한 정신도 이어 가겠습니다. 부디 편히 쉬옵소서. 아버지 엄마께 가실 때까지 잘 모실게요.

– 2007년 엄마 두 번째 기일에 둘째 딸 학용드림

외숙모님

외삼촌 돌아가신지 11년. 우리 엄마 가신지는 12년째다.

오빠가 특히 따르고 좋아하던 외삼촌. 헌병대 제복 입은 모습이 지금도 눈에 선하고, 졸졸 따라다니던 오빠 모습도 어제 일 같다.

평택 현덕면 면장 직을 훌륭히 마치고 퇴직 후 마을을 위해 봉사하셨던 외삼촌. 오토바이로 시골 길을 누비고 다니시던 외삼촌의 안전을 늘 염려하셨던 우리 엄마는 밤이면 꼭 전화로 외삼촌 귀가를 확인하시곤 했다.

엄마 가신지 1년 후 세상을 떠나셨으니 무슨 그런 인연이 다 있을까 싶다. 두 분이 그리도 다정하시더니 누님 따라 바로 가신 외삼촌. 누님과 매형 생신 한번 안 거르고 챙기시던 외삼촌의 그 정성은 모두 감탄할 정도였다. 우리 엄마와 올케 사이인 외숙모님은 의가 남 다르셨기에 가능한 일이었다. 외숙모님과 엄마, 시누이 올케지간은 늘 편안한 관계였던 것도 보기 드문 일이었다. 엄마 아버지 생신 때마다 떡이며 도토리묵을 쑤어 바리바리 지고 오셨다. 그때면 다른 동생들 지난 생일까지도 봉투를 챙겨 전하시던 엄마였다. 엄마는 친정 부모님 기일도 꼭 챙기셨다. 요즘에야 당연지사처럼 된 일이지만 엄마세대엔 쉽지만은 않은 일을 실천하셨다.

백세 시대라 일컫는 요즘에 아쉽게도 77세에 폐암으로 세상 떠나신지 11년. 엄마가 계셨다면 얼마나 애통해 하셨을까? 남매분이 하늘나라에서 부디 잘 만나고 계시길 빌 뿐이다. 오빠가 외삼촌은 80세도 못 사셨다고 애통해 하시더니 오빠는 외삼촌 보다 2년이나 더 일찍 75세에 세상 떠나셨으니 정말 세상은 마음대로 안 되는 것인가 보다.

외숙모님은 올해 83세시다. 가을이면 채소와 농산물을 택배로 보내주신다.

그중 잔잔한 고추 잎을 따서 다듬어 삶아서까지 보내시는

정성은 입이 다물어지지 않을 정도의 사랑이시다. 외할아버지 할머님도 이웃과 친척에게 베풀며 사셨는데, 대물림을 하고 계신 셈이다. 3남 1녀를 두셨으니 그도 벅차신데 나까지 챙겨주시니 늘 감사할 따름이다. 내가 친정 부모님 다음으로 생각하는 분이 우리 외숙모님이시다.

허리 수술 경력에, 심장 이상으로 배터리까지 가슴에 넣고 계신 외숙모님.

전동차로 가까운 곳에 이동하시면서도 텃밭을 일구시며 지내시더니, 요즘은 혼자 잘 걸어 다니셔서 기적이라 했다. 마을 회관도 걸어서 가시고. 부지런한 성격 덕분에 그래도 운동이 되셨다고들 기뻐했다. 얼마 전에도 딸집에 오셨다기에 쫓아가서 점심을 대접했다. 엄마 얘기 등 많은 옛날 얘기를 나누고 왔다.

그날도 풋고추장아찌 한 통을 안겨

주셨다. 외숙모님의 사랑이 고스란히 담겨진 진품이다.

언제 따뜻한 봄날 안중에 여관이라도 정해 놓고 2박 3일 같이 하기로 약속을 했다. 지금 유일하게 생존해 계신 작은 외할머니(엄마의 막내 숙모님)도 모시고, 다시 못들을 엄마의 새댁 때 얘기를 듣고 싶어서, 더구나 엄마가 오빠를 친정에서 출산하셨다니, 그때 얘기를 놓치고 싶지 않아서다.

늘 하던 대로 무심히 안부전화 드렸다가 늦은 시간 안중이라기에 놀랬다. 외숙모님이 암이라는 소식을 들었다. 소식을 전하는 외사촌 동생의 목소리는 떨리고 있었다. 천안 단국대학 병원서 오시는 길이라 했다. 구정 다음날로 수술 일정이 잡혔다고 한다. 늘 평안을 빌어드렸는데, 기도를 멈출 수가 없다.

벌써 한 달여 동안 코피를 흘리시고 음성이 변하시는 증상으로 가까운 병원 출입을 하셨단다. 진작 큰 병원으로 옮겨 서둘러야 할 걸 늦었나 하는 생각도 들었다. 그간 얼마나 애를 태우셨을까? 평소에도 우애 돈독하고 사랑 많은 외사촌 4남매의 정성어린 손길이 보이는 듯했다. 수술 다음날 전철로 가서 뵈었다. 천안이 왜 그리 멀게 느껴지던지? 여기까지 오리라 생각 못 하셨다며 큰 며느리와 반갑게 맞으신다. 침대에 앉아 계셨다. 어제 수술 받은 환자라고 생각들지 않을 정도로 건강해 보이셨다. 일단 안도의 숨을 쉬었다. 일주일 후에 나올 조직검사 결과를 지켜봐야했다. 조직검사결과 예상했던 대로 임파선 암이란다.

항암제를 맞아야하는 결정에 외숙모님 설득이 어려웠다한다. 외삼촌께서 항암제 맞으시느라 고생만 하다가 가셨다고 당신은 그 고생 안 하고 가시겠다고 고집하신다니 이해가 간다. 그래도 안 맞아 후회할 수도 있다는 자식들의 간절한 설득에 겨우 한번 맞으시고 복통 등으로 많은 고생을 하신다니 걱정이다.

항암제 한 번으로 항암 치료를 중단키로 하셨다는 소식에 만감이 교차한다. 자신감과 당당함은 자기 자신을 사랑하는 데에서 온다고 생각한다. 지금 연세에 기대해도 될 일인지? 스스로를 사랑해야 타인에게도 사랑을 줄 수 있는데, 고통 중에 승리하시길 빌 뿐이다. 산에 오를 때도 단계가 있듯이 병 치료에도 기다림과 과정이 있다고 생각한다. 외숙모 막내아들 인구가 '누님! 저는 엄마가 5년 만이라도 더 저희들 곁에 계셨으면 좋겠어요. 저는 엄마 안계시면 너무 싫어요.' 라고 문자를 보내왔다. 마흔 살이 넘었어도 막내 티가 줄줄 흐르는 어리광 섞인 투정에 눈가가 촉촉해졌다.

알려지기는 임파선 암은 전이가 빠르다기에 더 불안하다. 본인은 살만치 살았다 하시지만, 아직 우리들 곁을 떠나시면 마음이 너무 슬플 것 같다. 모쪼록 고통 없이 건강히 몇 년 만이라도 더 사시기를 기원한다. 요즘 증손자를 한 달 간격으로 둘이나 보셨다. 새 생명의 기쁨이 기적을 낳았으면 하는 기대를 걸며 두 손을 모은다. 무심코 지나쳤던 일상에서 봄을 만남은 행운이고, 환희라는 생각이 들 때가 있다. 하얀 입김을 남기고 떠난 겨울 뒤에 새 봄이 오듯, 우리 외숙모님의 건강도 그랬으면 좋겠다.

여관에서 숙박하며 밀린 얘기를 나누려던 외숙모님과의 약속은 무산 되려나? 준비를 서둘러야 하나? 아니야! 외숙모님이 그렇게 우리 곁을 아직 떠나시지는 안겠지?

(2017. 2. 27.)

똥독에 빠뜨린 하모니카

“누님이 사준 하모니카가 저를 이렇게 변화시켰어요.” 무슨 말인지 몰랐다. 외가 친척 동생이 십수 년 만에 만나서 한 얘기다. 본인도 누나인 나에게 하모니카를 사 달라 졸랐는지? 누나가 그냥 사주었는지? 아무리 더듬어도 서로의 기억은 없다. 단 분명히 기억되는 것은 돈암 시장 귀퉁이 유리 상자 진열장 안에서 골랐던 기억이 있다했다. 유난히 귀엽게 나를 따르던 여섯 살 아래 동생인데 내가 쾌히 사주었을 것 같다.

그렇게 아끼던 하모니카를 시골 뒷간 항구에 빠뜨렸단다. 어린 동생에게 이런 큰 사건(?)이. 뒷주머니에서 빠져 버린 하모니카를 어린 아이가 애타게 건지려 애썼을 게 분명했다. 온 동네 사람이 동원되어 한 길 깊이는 되었을 똥독을 퍼냈을 상황이 눈앞에 펼쳐진다. 시골 온 동네의 빅뉴스거리였을 사건이었을 게다. 개구쟁이의 하모니카는 찾았으나 몇 년 묵은 똥 독의 그 냄새는 어떠했을까? 사랑이 아니면 엄두도 못 낼 일이다.

이 거사(큰일)의 진두지휘는 외가동네 서당 스승이셨던 우리 외할아버지가 하셨단다. 역시 공자님 자손이신 우리 외할아버지셨다. 육회 안주에 막걸리를 즐기시던 외할아버지의 온화한 미소를 마주하고 싶다. 나에게도 그 피가 흐르고 있기를 기대한다. 똥 냄새 가득 배었을 그 하모니카를 어찌 입으로 불었을까? 끓는 물에 몇 번을 삶아 냈단다. 그래도 소리가 났을까? 소리가 여전히 났다고 했다.

소리에 관계없이 다시 하모니카를 손에 쥘 수 있었음이 기뻤다고 회고했다. 이 말로 미루어 제 소리는 안 난 모양이다. 하모니카의 내부구조가 궁금하다. 요즘 세상 같으면 금방 하나 구입했을 간단한 일인데 온 동네가 난리 아닌 난리를 치렀으니 격세지감을 느낀다. 손 안에 들어오는 작은 악기 하모니카로 다른 악기들과도 가까이할 계기가 되었다고 자신만만해 했다. 서울 근교 교회에서 오케스트라 단원

까지 조직, 연습시키고 지휘하는 악단장이 되었다 한다. "그것이 다 누님 덕분입니다."라고 힘주어 말했다.

개구쟁이의 예기치 않은 사건은 자신을 지지하는 사람이 많이 있다는 자신감과 장래의 희망을 안겨준 계기가 된 셈이다. 그 후 성격의 활달한 변화 자체가 자랑인 동생의 미래는 밝았다. 출세한 형님의 후광에, 피나는 자신의 노력의 결과인지 70을 바라보는 나이임에도 큰 기업의 회장직을 맡아 열정적으로 뛰고 있다.

그 아저씨는(동생의 아버지) 원산에서 의사였는데 나의 엄마와는 6촌 남매간이다. 어쩌다 혼자 북에 남았는지? 본인의 생각이었는지, 아니면 강제였는지? 왜 아이들 데리고 두 여인만(동생의 할머니와 어머니) 외가 동네에 살았는지? 아무도 얘기 해주는 이가 없다.

우리 외가 텃밭 끝자락에 토담집 한 채. 형이 고등학교 다닐 때는 그 집에서 할머니와 형과 살았다. 아주머니는 서울 친척집서 공부하는 남매를 돌보며 살림을 맡아주었다. 여호와의 증인이란 이단 종교에 심취하여 한때는『파수대』책자를 안고 다녀 주위의 지탄도 많이 받았다. 출세한 아들들의 효도도 받기 전 뇌막염으로 일찍이 이승을 떠나셔서 아는 이들의 가슴에 지우지 못할 한으로 남았다. 그런 중에도 어리광으로 뭉쳐진 듯 귀여웠던 동생은 여섯 살 위의 형과 함께 맑고도 밝게 성장했음이 얼마나 다행인지! 그 뒤엔 훌륭한 할머니가 계셨다. 우리가 놀러갈 때마다 옛날 얘기를 재미있게 들려주시고 손자의 머리를 쓰다듬어 주셨던 인자하시던 할머니. 할머니가 쏟아 부은 끝없는 사랑의 힘 의지하여 외로움의 소년기도 자신 있게 헤쳐 나갔을 것이다.

부모 없는 손자를 보살피신 그 할머니의 심정을 누가 알았을까? 하나님의 위로 밖에는 없었으리라는 생각이 든다. 그 후 서울로 올라와 한동네서 살게 되었다. 장난기 어린 초·중·고 시절을 가까이서 지켜보았다. 얼마나 바쁜지 한가하게 누님께 흘러간 노래 한곡도 들려드릴 시간이 없다고 엄살이다. 주책이라 할지 모르지만 이 말이 애교로 들릴 만큼 아직 어린애 같다.

나도 이런 동생의 회고를 계기로 하모니카를 배우려 했다. 그러나 원래 음치인데다 재주가 없음인지 엄두를 못 내고 마음을 접었다. 오케스트라 단장까지 한 동생의 음악에 정진하는 자세를 보면 머리가 절로 숙여진다. 하찮은 작은 선물이 사랑하는 동생의 악기사랑이 시작 되었으니 “네 시작은 미약하였으나 네 나중은 심히 창대하리라”하신 욥기 8장 7절의 말씀이 떠오른다. 사랑하는 동생의 주머니 속엔 지금도 하모니카가 들어 있겠지? 즐겨 연주하던 “고향의 봄”이 들려오는 것만 같다. “나의 살던 고향은 꽃피는 산골 그 속에서 살던 때가 그립습니다……” 나도 하모니카를 하나 살까! 하모니카 사랑 영원하기를! (2016. 5. 24.)

들리는 만큼 아는 만큼

똑딱똑딱 시계 초침이 달리듯 돌아간다.
시계방향으로 돌고 돈다.
저 시계는 왜 계속 '평택, 평택'이라고만 하니?
시계가 평택을 어떻게 아니?
우리는 배를 쥐고 웃는다.
당신이 평택 사시니 똑닥 초침 소리가
평택이라 들리시는 것이다.
아는 만치 보이고 들리는 만치 들림인가?

사우디아라비아에 젊은이들이 많이 갈 때다.
이웃집 총각도 갔다.
그 소식을 전하고 싶으신 어머님
아무개가 싸리바다에 갔단다.
아무리 해도 안 되는 발음
싸리바다가 되었다.
배를 쥐고 웃을 일이 또 생겼다.
우리 어머님을 무명 코미디언이라 불렀다.

2

짧은 동화

화관을 머리에 얹고 활짝 터질듯 웃는 함박웃음이 아름답다.
그 주인공은 나의 외손녀 오성양이다. 올 해 일곱 살이다.
화관이 있어 웃음이 돋보이고 오성이의 미소가 있어
화관이 더 돋보이는 상관관계다.
순간 함성이 터질 정도로 오성이의 예쁜 모습에 매료되었다.
하늘에서 천사가 내려와도
오성이의 화관 쓰고 웃는 환한 모습 따라 갈까?

화관(花冠) 쓴 오성이

화관을 머리에 얹고 활짝 터질듯 웃는 함박웃음이 아름답다. 그 주인공은 나의 외손녀 오성양이다. 올 해 일곱 살이다. 화관이 있어 웃음이 돋보이고 오성이의 미소가 있어 화관이 더 돋보이는 상관관계다. 카톡에 오른 사진이다. 보는 순간 함성이 터질 정도로 오성이 예쁜 모습에 순간 매료되었다. 하늘에서 천사가 내려와도 오성이의 화관 쓰고 웃는 환한 모습 따라 갈까?

어린이날에 오성이 할아버지께서 엮어 만들어 주신 화관이라 했다.

토끼풀로 보이는 풀인데 토끼풀 흰색과 잘 어울리는 분홍과 보라색은 어떻게 하신 걸까? 도무지 짐작도 가지 않는다. 색의 조화가 놀랍다.

뻿뻿한 토끼풀을 한 땀씩 엮어 만드신 남자분의 솜씨가 탁월하고 아이디어가 번득이는 것 같다. 보석을 장식해 만든 화관이 이만하랴? 내입에서 감탄 연발이다. 어떻게 엮어서 고정을 하셨을까? 털실이라면 몰라도 토끼풀로 엮어 만드신 화관이 신기할 정도다.

예쁘고 귀엽고 나긋나긋, 어찌 그리 부드러운 미소를 함빡 머금고 있는지?

붓끝처럼 착착 감기는 미소와 애교가 천만 불짜리다. 세상을 환히 비치고도 남을 듯한 미소가 좋다, 예쁘다. 오성에미 자랄 때와는 전혀 다른 성품이다. 에미는 조용한 미소만 지었었다. 벙어리인줄 알 정도로 말이 없었다. 그런 오성이가 율동은 물론 노래도 잘하고 만능 재주꾼이다. 가끔 일기를 써서 보여준다. 용감성도 칭찬하고 싶다. 보고 또 봐도 보고 싶은 외손녀, 오성이의 예쁜 모습에 반했다.

꼬마 미스 코리아를 뽑는다면 당당하게 1위인 진에 당선될 텐데. 나는 완전 외손녀 바보가 되었다. 이 늙은 외할머니의 얼굴에도 오성이의 아름다운 모습에 행복 바이러스가 계속 번식 중이다. 이 꽃을 엮어 손녀딸에게 주시기 위해 얼마나 정성을 쏟으셨을까? 이 정성이 어디까지실까? 끝없는 사랑이 정답이다.

이런 일들이 행복이고 축복 아닌가? 이 카톡 사진을 친구들에게 보여주었다.

카톡을 사진으로 현상해서 보관하라고 일러주시는 권사님 권유로 그렇게 했다. 오성이를 추억으로 남기게 해주기 위해서다.

딸이 첫 아들 출산 후 아이 기르는 과정에서 새록새록 친정엄마 생각이 많이 나더란다. 동호가 밤잠을 안 잘 때마다 엄마도 나를 이렇게 길러 주셨겠지…. 하는 생각이 많이 들었나보다. 친정엄마를 생각해줄 딸을 가져야된다는 생각과 각오가 확고했다. 생각 끝에 아들과 네 살 터울의 오성이를 얻었다.

오성이의 탄생은 진심어린 기도로 얻은 하나님이 주신 선물이다. 돌이 지나도록 잠을 잘 안자서 온 식구가 힘들었다. 돌 지나면 달라진다고 조금만 참으라고 달랬다. 격려도 했다. 돌이 지나도 변화가 없었다. 두 돌이 지나도 잠을 안 자서 에미가 마르고 보기에 얼마나 안쓰러웠는지 모른다. 얼마나 예민하면 낮잠은커녕 밤잠도 안 잘까? 그래도 표준 키는 자랐으니 감사할 따름이다.

정말 기도하는 마음이 아니었다면 많이 힘든 상황을 어떻게 견뎌냈을까? 에미가 대견하다. "여자는 약하나 엄마는 강하다"는 말이 바로 이런 뜻이 아닌가? 엄마이기에 해낸 일들이다. 지금은 3년차 유치원생이다. 유치원서도 모범생이란다. 제 일도 스스로 하고, 단정하고, 친구들도 챙긴다니. 이런 것은 에미 어렸을 때와 똑같다. 지금까지 엄마, 아빠, 할머니, 할아버지의 헌신적인 공이 크시다. 오성이 할아버지가 유치원서 뽑은 모범 학부모 상을 타실 정도였으니 가히 짐작이 간다.

에미 출근 후 퇴근 할 때까시 여러모로 살펴주시는 지극 정성이신 두 분 사돈 어르신들께 그 감사함을 감히 말로 표현할 수 있을까? 또한 도우미 아주머니도 아이들에게 정성을 다 하신다니 복이 아닌가? 사랑하시는 마음이 옷이며 신발 머리띠 머리핀 등에까지 속속 배어있다.

다 자란 후에도 가슴 깊이 좋은 추억 속에 할머니 할아버지가 가득 차 있으리라. 두 분 오성이 할머니 할아버지 오래오래 건강하셔 애들 곁에 머무시길 기원한다. 오성이 오빠, 동호에게 쏟으시는 정성과 사랑이 합쳐 건강하고 이 사회가 꼭 필요로 하는 사람 되기를 빈다. 오성이 할머니 말씀에 '할아버지가 너희 고모 너 만할 때도 이런 화관을 만

들어 씌워 주셨다' 하셨다니, 오성이는 할아버지가 만드신 두 번째 화관 주인공이 된 셈이다.

지금 이 시간 설악산에서의 행복한 피서를 마치고, 서울로 오는 차 중에 할머니 할아버지 엄마 아빠 오빠와 같이 달리고 있다. 오성이를 내일 내 생일에 만나는데 어떤 이야기보따리를 풀어 놓을지? 기대된다. 사랑하는 오성이가

(2017. 8.)

짧은 동화

제목 : 개미 / 지은이 : 윤지원

어느 날 비가 왔습니다. 그런데 개미가 슝~ 날아갔습니다. 아 아이쿠, 쿵. 개미는 머리에 혹이 났습니다. '혹이 났네? 어떻게 하지? 흑흑~' 개미는 울었습니다. 갑자기 어디서 누군가가 '괜찮아'라고 말했습니다. 바로 엄마 아빠였습니다. '진짜로? 그럼 고맙습니다. 아이 몰라~' 다음 이야기에서 만나요.

지원이가 유치원 때다. 주말에 아들네 식구가 다녀갔다. 책상 정리 중 지원이가 낙서처럼 써 놓은 종이 한 장을 무심코 펴든 나는 놀랐다. 할머니 책상 지저분하다며 정리 못한 나에게 한 마디 하고, 한참을 조용하기에 뭐하나 했었는데…, 아니 지원이가 이런 글을….

어떤 생각이었을까? 개미가 머리에 혹이 나서 어떻게 하지. 울고 있을 때 바로 엄마 아빠를 떠올린 것이 대견(?)하고 부모의 사랑을 듬뿍 받고 있는 지원이가 예쁘고 귀엽다. 해처럼 밝은 얼굴에 가득한 미소는 늘 지원이의 것이었다.

둘째는 아들이려나 하고 기대했던 마음은 잠깐, 그럴 겨를도 없이 출생 직후 수술을 두 번씩 받아 집안 식구들을 긴장하게 했던 지원이다. 척추에서 척수 액이 샌다는 이유였다. 수술 후 부작용이 있을 수 있다고 했다. 실의에 빠져 주치의 설명에 주저앉았던 우리들이었다.

수술 후 생후 6개월 때다. 애비가 영국 옥스퍼드대학교 천체물리학과 연구원으로 가게 되었다. 어린애 둘씩 데리고 가는 일이 마음에 부담이 되었다. 우리 내외는 안달하다 좇아가 상황을 보자면서 영국행 비행을 결정했다. 애들 떠난 후 50일 만이다. 애비는 옥스퍼드 대학 연구실에서 거의 새벽에 들어왔다. 세 살짜리 혜원이도 아직 어리고, 며느리가 아주 힘들어 했다. 지원이는 우리가 있는 한 달 동안도 응

급실에 몇 차례나 갔다. 변을 조절 못할 수도 있다는 것이 걱정 중 하나였다. 그곳 영국 병원의 응급실에서는 하는 치료가 없었다. 그냥 눕혀놓고 저절로 변을 볼 때까지 지켜보고만 있었다. 간호사 출신인 나로서는 답답하기 그지없었다. 아예 집에 데리고 와서 관장을 시켜 배변을 도와주었다. 에미는 '어머님이 이렇게 돌봐 주시니 안심이 된다'고 했다. 내가 귀국해도 집에서 하도록 관장 방법을 알려주었다. 귀국해서도 늘 걱정이었다.

그 후 지원이 돌 무렵에 가니 많이 좋아지긴 했어도 자주 보챘다. 에미 애비가 지원이에게 신경을 많이 쓸 수밖에 없는 상황이었다. 혜원이를 떼어놓고 오기가 마음이 쓰였다. 온 가족에게 걱정을 끼쳤던 지원이가 많이 커서 이런 아름다운 사랑 얘기를 글로 쓰다니…. 남의 나라 얘기 같지 않음은 가족이기 때문이다. 기특하고 사랑스럽다.

애비는 옥스퍼드대학교 연구원으로 뽑힐 때 세계적인 석학들이 모인 중 70대 1의 경쟁이었다. 그러니 영어권 학자들과 경쟁하려니 연구가 많이 힘든 모양이었다. 힘든 상황 설명으로 마라톤 선수 예를 들었다. 다른 선수들은 두 발로 뛰는데, 자기는 외발로 뛰는 형상이라고, 길고 가는 다리로 사막을 달리는 낙타의 측은한 모습이 떠올랐다. 3년을 연구실에서 밤낮을 안 가리고 뛴 결과로 옥석을 가려내는 쾌거를 올렸다. 가슴이 찢어지는 부모 심정을 누가 이해할까? 2002년 우주의 나이가 125억 년이라던 기존의 학설을 뒤집어 140억 년으로 밝혀냈다. 2006년에는 색으로 젊고 늙은 은하를 알 수 있다는 기존의 통념을 뒤집었다. 두 가지 연구결과 모두 미국 과학저널 『사이언스지』에 우수논문으로 실려, 세계 과학계의 별이 되었다. 일간지와 방송을 타며 축하전화가 쇄도하고 얼마간 잔치 분위기였다. 그런데 한편 누군가에게 소중한 것을 빼앗긴 것 같은 기분이었다. 지금도 늘 바쁜 생활 속에 자주 보기가 쉽지 않다. 우리 아들이기 이전에 세계의 아들인 것 같은 생각이 들 때가 많다.

박사과정 할 때부터 지원이 때문에 얼마나 힘들어 했는지 박사 논문 서두에 '논문을 지원이에게 바친다.'라고 썼을 정도였다. 2011년 미국 보스턴 하버드대학교 스미소니언 재단 천체물리 연구소 교환교수로 가는데도, 14개월 동안 가족이 같이 머물고 왔다. 그런 연유인지 사랑의 교감인지 유별나게 아빠를 좋아하고 챙기는 딸 지원이다. 얼마 전 아빠가 헝가리 부다페스트 학회에 갔을 때 식당에서 혼자 식사하는 사진을 카톡으로 받아 보고 "아빠 불쌍하다"고 울었다. 이런 감정이 부모 자식 간의 애뜻한 마음이 아닐는지?

현재는 애비가 연세대학교 천문우주학과 교수, 은하진화연구센터 교수 직함을 가지고 재직 중이다. 젊은 나이에 학과장을 역임하기도 했다. 에미는 피아노 전공 재원인데, 재주를 묻어 둔 채 남편과 아이들 뒷바라지에 열성을 다하고 있다. 교회에서 피아노 반주로 구역장으로 봉사중이다. 혜원이는 드럼 반주로, 하나님께 영광을 돌리고 있다. 늘 걱정하던 지원이는 아주 정상으로 성장. 167cm의 늘씬한 키와 몸매를 뽐내며 예쁘게 잘 크고 있다. 큰 전쟁에서 승리하고 씩씩하게 돌아온 개선장군처럼…. 힘들었던 가족들에겐 숨죽였던 가슴을 펴고 주님께 감사드린다.

'개미 혹 난 이야기'를 쓴 꼬마. '짧은 동화'를 쓴 윤지원. 어린 동화 작가는 중학교 2학년생이 되었다. 북한 김정은도 무서워서 못 쳐들어온다는 중2. 중학교에서 고등학교로 가는 힘든 과도기라 어려운 때라는 뜻일까? 아무튼 지원이의 장래는 창대(?)하리라.

믿는다. 자신이 원하고 노력하면 세계 어린이들의 동심을 감동시킬 동화작가가 될 지도 모를 일이다. 윤지원 화이팅!

(2016. 3.)

재롱잔치

오늘도 맹추위다. 오후 3시인데도, 수은주는 영하 14도이다. 양천구도 바람이 세찬 곳이었다.

외손녀 오성이의 유치원 재롱잔칫날이다. 꽃다발을 들고 강당에 들어서니 자리를 꽉 메운 부모들의 열기가 실내공기를 덥히나 하는 생각이 들었다. 강당에 들어서며 두리번거리는데, 사위가 쫓아와 가족석으로 안내했다. 오성이 할머니, 할아버지, 엄마, 아빠, 오빠까지 같은 줄에 앉아있었다. 원장님의 위트와 정감 넘치는 사회가 진행 중이었다. 이사장님 인사 말씀이 있었다. 4세반 아이들부터의 순서가 시작되었다. 젖내가 물씬 풍기는 것 같은 앳된 출연자들의 까망고 빛나는 눈동자가 긴장하고 있음을 말해주었다. 순서를 기억하려고 애쓰는 몸짓이 보였다. 그럴수록 귀여웠다. 5세반은 그래도 형답고 언니다웠다. 오성이 유치원 입학식 때 5세반이 앞자리 의자에 앉았는데, 뒤에서 머리도 안보였었다. 오늘은 당당히 큰언니 자격이니, 나올 때마다 의젓함을 보였다.

벌써 3년을 같은 유치원을 마치고, 23일이면 졸업. 초등학교 1학년에 입학한다. 프로그램은 다양했다. 이 추운 날 윗도리는 거의 내놓고, 배꼽까지 나오는 깜찍한 복장차림이었다. 화려하고 귀엽기는 했으나 감기 걸릴까 걱정되는 복장이었다. 100여 명의 원아들이 반별로 나와서 연습한 동작마다 혼신을 다하는 모습이 안쓰럽기까지 했다. 이런 모습에서 연습의 중요함을 보았다.

우리 오성이도 감기로 연습이 힘들었는데 억지로 연습에 임했다고 들었다.

내가 할 일, 그리고 단체가 이런 것이구나 하는 책임감을 알게 모르게 배우는 기회라 생각된다. 4, 5, 6, 7세반이 순서를 바꾸어 가며, 신나는 음악에 맞추는 율동, 고전적인 춤도 다 소화해 냈다. 마지막 순서에 7세반의 부채춤은 정

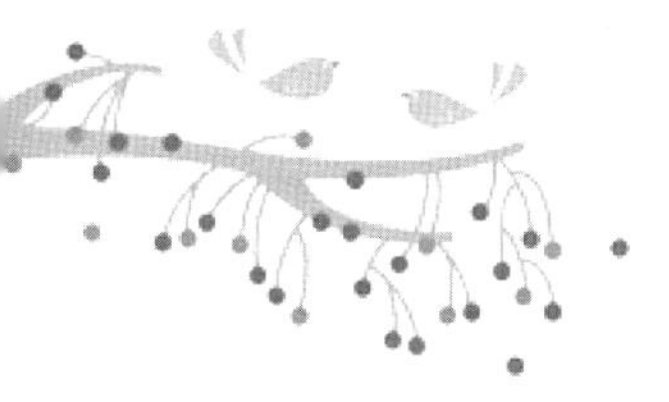

말 아이들이 소화해 내기에 어려운 춤이라 생각했는데, 아주 무거운 듯한 부채를 자유자재로 접고 펴며, 화려한 피날레를 장식했다. 우레와 같은 박수가 강당을 흔들듯했다.

오성이가 6세 때부터 "외할머니 7세 때 유치원에 부채춤 구경 오세요." 하던 이유가 있었다. 작년 6세 때 언니들이 하는 게 좋아보였었나 보다. 오성이가 부채춤을 1년을 기다려 연습한 셈이다. 아주 성숙한 부채춤이었다. 정말 오늘의 하이라이트였다. 이런 오성이가 크면서 못 할게 무엇이 있으랴? 어린이들에게 하면 된다는 자신감을 길러주는 기회로 재롱잔치가 그만이라 생각된다.

부모들은 각자 준비한 피켓을 들고 자기 아이가 나올 때마다 흔들며, 아이의 시선을 사로잡았다. 율동을 하면서도 기회를 잡아 힐긋 보며, 눈 짓을 보내는 아이들과의 교감이 재미있었다. 칼라 있는 피켓도 요란한 형광의 피켓도 있었다. 오성이도 에미가 만든 종이에 '신오성 사랑해!' 쓴 피켓을 오성이 출연할 때마다 에미랑 내가 흔들었다. 가끔 핸드폰으로 칼라 글씨가 움직이는 것도 보여주었다. 살짝 웃으며 나가고 들어올 때 손을 들어 화답하는 오성이의 센스도 만점이다. 지난해엔 오성이 할머니 할아버지가, 맨 뒷줄서 현수막 수준의 피켓을 들고 계신 일에 감탄을 했었다.

맨 끝장식은 원아들 전체가 같이 나와서 합창을 하는 순서였다. 모든 프로가 끝나고, 원장님의 인사와 당부말씀 후, 아이들이 부모에게로 인계되는 순서다. 동호가 제가 동생을 데려오겠다며 앞으로 나간다. 중간 중간 사진도 찍었다. 오빠다운 배려다. 네 살 위인 오빠가 오늘은 더욱 훌쩍 커보였다. 오성이가 만나자마자 '외할머니 작년에도 오셨는데'라고 했다. 작년의 오늘도 기억하는 오성이의 찬찬한 성격이 보였다. 자리서 일어나며, 나와 오성이 할머니의 한마디 서운한 마음을 표했다. '이젠 이런 재롱잔치는 볼 기회가 없겠구나'라고 했다. 오성이가 제일 막내니 그렇다.

지금까지 모든 순서를 지켜보며, 선생님들께서 어린애들과 얼마나 애쓰셨을까? 유치원 선생님들은 특히 사랑이 아니면 애들과 함께하기 힘들겠다는 생각이 들었다.

퇴장 시간이다. 원장님과 선생님들이 인사를 하며 출구에서 계셨다. 순간 오성이 꽃다발이라도 드리자 라는 생각이 들었다. 오성이 할머니가 준비해 오신 꽃을 원장님께, 내가 해간 꽃을 담임 선생님께 드리게 했다. 그러고 나니 마음이 조금은 수고에 위로를 드린 기분이었다.

3월 초등학교 입학식에서의 오성이는 어떤 생각을 할까? 오성이가 지금까지 보살펴 주신 할머니 할아버지 엄마, 아빠 그리고 오빠에게 고마움을 아는 어린이로 자랄 수 있기를 빌며, 즐겁고 건강한 6년 동안의 학교생활을 큰 박수로 축복한다.

오성이가 배가 고프다고 한다. 이제 제정신이 들게 마음이 정돈되나 싶었다.

저녁 식사자리로 갔다. 칼바람이 부는 맹추위도 잊은 오성이의 재롱잔치, 예원 천사들의 예쁜 축제의 날이었다.

(2018. 2.)

지원이 졸업식

손녀 지원이 졸업식 날이다. 다른 누구의 졸업식 날보다 가슴 벅찬 날이다. 낳자마자 수술을 했어야만 했던 지원이가 건강히 자라준 것에 감사해서다. 때 이른 노란 튤립과 분홍 카네이션으로 꽃다발을 준비했다.

애비 교수 안식년으로, 미국 보스턴 하버드대학서 14개월 있을 때, 한 학년을 그곳에서 다녔다. 재학 중이던 명지초등학교를 휴학하고 떠났었다. 복학하려니 자리가 없었다. 어쩔 수없이 공립 연희초등학교에 한 학기를 다녔다. 지원이는 명지 친구들을 그리워하며 쉽게 적응하기 어려워했다. 본인이 졸업은 꼭 명지초등학교를 원했다. 2013년 다시 명지초등학교 5학년에 들어갔다. 원하는 학교의 졸업이라 흡족해했다. 다른 학교에는 없는 오케스트라 단원들이 자리함이 우아하고 품위 있어 보였다. 지원이 언니 큰 손녀가 명지초등학교 재학 중 첼로파트에 오케스트라 단원이었다. 음악이 조용히 연주되며 장내가 빨리 정돈되었다.

지원이는 개성이 매우 강하다. 두 살 위인 언니를 이기려 할 때도 있었다. 전날 졸업 예행연습 다녀와서 많이 울었다고 에미가 전했다. 각반 23명씩 5학급인데 서로 친했기에 헤어지는 서운함이 매우 컸나 보다. 서로 친구 집을 놀러가 자기도 하고, 놀기를 즐겨 했었다. 스키 캠프 등 야외 활동도 많았다. 그래서 더 가까워질 수 있었던 것 같다. 친구들에게 인기가 높고, 봉사정신이 투철하기까지 하다고, 지원이 아는 이들은 칭찬이 대단하다. 지원이가 정이 많은 줄은 알았으나, 그렇게 인기가 많을 줄이야! 너무나 자랑스러워 가슴이 벅차다. 커가면서 할머니 할아버지 만나도 어릴 때 같지 않고, 허깅 한번 하고 나면, 데면데면 말도 없는 성격인 줄 알았는데, 할머니인 나도 모르는 데가 있었다. 우리 지원이가 그러면 그렇지!

어느 날 햄스터를 키우기로 했다고 방에 들여놓았다. 왜 하필이면 쥐 같은 애완동물이냐? 모두 한 마디씩 했다. 애비를 하도 졸라서 어쩔 수 없이 사주었노라고 했다. 갈 때마다 보면 방 주변이 지저분하고 냄새도 났다. 길러 봤으니 그만 기르라고 타일러 보기도 했다. 도저히 만질 수는 없었고, 그래도 '지원이가 좋아하니까 지원이 친구지' 하고 들여다 보아도 예쁘다는 말은 나오지 않았다. 얼마 전 가구를 바꾸어 주었다고 에미가 가구 배치 사진을 찍어 보내 주었다. 햄스터 집이 안 보였다. 마루에 놓았나? 잘 했구나 생각했다. 공부하고 잠자는 방에서 내놓은 것만으로 다행이라 여겼다. 방방이 찾아도 없었다. 왜 햄스터가 안보이냐고 했더니 그제야 죽었다고 한다. 가슴이 철렁했다. 얼마나 마음이 아팠을까?

그렇게 졸라서 기르던 햄스터가 죽었다니, 지원이가 얼마나 울고 상심했는지, 에미가 달래기 힘들었다고 했다. 꽁꽁 언 아파트 화단을 파고 묻어 주었다 한다. 다시 사 준대도 다시는 안 기르겠다고 했다니 정을 뗀 모양이다. 죽음에 대한 두려움과 서운함이 꽤나 컸을 것 같다. 이 상황에서도 지원이의 정을 느낄 수 있었다. 이런 일을 경험하며, 지원이는 사랑을 배우며 커갈 것이다. 훌쩍 큰 지원이를 발견했다. 훤칠한 키 때문에 여러 명 중에서도 금방 눈에 띄었다. 내 눈에는 우리지원이가 제일 예뻤다.

단위에 올라 졸업생 한 사람씩, 교장 선생님께서 졸업증서와 목에 메달을 걸어 주시며, 등을 두드려주었다. 칭찬과 격려의 표시리라. 영상으로 각자의 이름과 사진이 동시에 비추었다. 정성이 담긴 졸업식 준비라 생각되었다. 1학년부터 5학년까지의 후배들이 엮어 만든 축하 공연도 특색이 있었다. 정성어린 프로는 박수를 많이 받았다. 졸업생들 답사 수준인 동생들께 남기는 영상은, 정말 후배들을 사랑하는 내용을 많이 담고 있었다. 이 특별순서는 졸업식을 돋보이고 의미 있게 했다. 교장선생님의 당부말씀 중 첫째, 스스로 공부하자. 둘째, 독서로 꿈을 키우자. 셋째, 감사가 넘치는 사랑을 베풀라는 요지의 말씀을 들으며 여기저기서 훌쩍훌쩍 우는 소리가 들렸다. 교장선생님께서도 말씀 중 눈물을 삼켰다. 졸업생을 호명 하시는 선생님 목소리도 떨렸다. 우리 때 '빛나는 졸업장을 타신 언니께 꽃다발을 한 아름 선사합니다.' 목메어 부르던 후배들의 노래와, 반드시 읽혀졌던 졸업생 대표의 답사는 사라진 지 오래다.

준비한 꽃다발을 안겨주며, 사진도 함께 찍고 축하해줬다. 아무도 꽃을 준비한 사람이 없었다. 옛날 같이 꽃 장사가 없단다. 신문에서 읽은 적이 있다. 졸업식에서 결국 따지면 순간 일회용일 꽃을 줄이고, 꽃값을 어려운 이웃을 위해 성금으로 내자는 운동이 확산 중이란다. 졸업 사진 안에 꽃다발은 없어도, 마음만 흡족해 하는 졸업생의 감회, 이런 발상도 좋은 일이라 생각되었다.

하나님을 믿고 부모님께 효도하며, 이웃을 사랑하고, 자연을 아끼는 기독교의 진리를 바탕에 둔 명지 학교재단의 설립정신. 졸업식 시작 첫 순서인 교목의 기도부터 은혜 충만했다. 깨끗하고 튼튼하게, 슬기롭고 바르게, 명랑하고 아름답게.라는 교훈을 머리에 새기며, 6년이 이어져 훌륭한 사회인이 되기를 빈다. 지원이 6년, 혜원이 6년을 하루같이 등교시킨 에미의 노고도 치하해 주고 싶었다. 그 마음의 표시로 축하 손님인 지원이 외가 식구들과, 점심 자리로 옮겨 못다 한 축하를 해주었다. 명지 학원 설립자 유상근 박사님이 필자의 결혼 주례를 맡아주셨는데, 무슨 인연 일까? 손녀들이 다 명지 초등학교를 졸업했으니 말이다.

(2014. 12.)

아빠 생일

〈이렇게 멋진 아빠를 낳아 주셔서 감사합니다. 할머니 오늘 아빠 생일이예요. 학교 가는 길이예요. 행복한 날 되세요. 할머니 사랑해요.〉

혜원이가 등교 길에 보낸 문자다.
혜원이도 아빠에겐 멋지고 사랑스런 딸
할머니에게도 멋지고 사랑스런 손녀다.
혜원이 아빠 얼굴에 떠오르는 미소가 보이는듯하다
아니 행복한 너털웃음일 수도 있겠다.

2000년 2월 17일, 하늘이 노랗게 보일만치의 오랜 진통을 겪고 참았지만 결국 제왕 절개로 혜원이가 세상에 나왔다. 분만실에 잠깐 들렸던 아들은 눈물을 보였다. 엄마! 진통이 얼마나 심한지 말 뛰듯 몸을 뒤틀며 아파해요. 내 뺨에도 눈물이 흐르고 있었다. 초조한 시간이 한참 흘렀다. 공주님 이라고 알려주었다. 순산 아닌 제왕절개 수술로 얻었음이 마음 아팠다. 순간, 애비가 2대독자인데 하는 생각도 잊었다.

아기를 분만실에서 초생아실로 옮길 때다. 기다렸다는 듯 아기를 안은 간호사 곁으로 달려간 혜원이 아빠, 손바닥을 펴서 아기의 얼굴을 가렸다. 어두운 엄마 자궁에서 나와, 바로 받을 밝은 빛이, 눈에 자극을 주리라는 세심한 아빠의 생각 때문이었으리라.

초생아실서 퇴원하는 날. 엄마가 준

비해둔 애기 용품을 초생아실에 전할 때다. 아빠는 아기 옷을 가슴 맨살에 품고 있었다. 따뜻한 옷을 입혀야 된다는 생각 때문 이었다. 그렇게 따뜻한 마음의 아빠를 꼭 닮은 혜원이기에 아빠 낳아 주신 할머니께 감사한다 하지 않았나?

이렇게 늘 좋아하면서도 서로 바쁘니 만나서 대화 할 시간도 내기 어렵다.

어떤 날은 우리 집으로 아이들이 따로따로 왔다. 혜원이가 먼저 와서 아빠를 기다리다가 제 아빠가 오니까 "할머니 저 아저씨가 누구예요?"하는 혜원이의 위트 있는 한마디가 온 식구를 웃겼다.

가끔 연구실에서 할 일이 많아 못 들어오는 날이 많아짐을 알고 있는 터라 그 마음이 읽혀졌다. 장대만한 혜원이가 아빠 목에 반갑게 매달렸다.

둘째 지원이도 이어서 아빠에게 매달렸다.

"그 아빠에게서 네가 태어나 주어 정말 고맙구나."

(2017. 3.)

두발 자전거

목동 파리 공원의 4월 신선한 공기를 가르며 달리는 어린이 두발자전거. 그 위의 당찬 사나이는 겨우 열 살짜리 외손자 동호다. 요즘 두발 자전거 타는 재미가 쏠쏠한가 보다. 세발에서 두발로 변신한 게 아닌가? 동호에게 용기가 없다면 이 세상에서 어떠한 일도 할 수 없을 게다. 두려움도 참았을 용기에 박수를 보낸다. 자전거는 앞으로 달려야 넘어지지 않는다는 진리도 은연중에 깨달았으면 하는 바람이다.

공원에서 신나게 달리는 모습 동영상이 카톡에 왔다. 딸이 보낸 것이다.

이어서 아~ 아~아~하는 감탄사를 외치는 딸의 음성이다. 할아버지의 흐뭇해 하시는 너털웃음 소리도 간간이 들려온다. 얼마나 기특하실까?

늘 자라는 모습을 지켜보시니 보기만 해도 행복하시겠지! 나에게 친손녀들 자라는 것을 뜨문뜨문 봐야했던 영국에서의 3년간은 아들이 늘 아쉬워했었다. 가까이서 매일 달라지는 재롱을 못 보았으니 말이다. 할머니가 모임에 가셨는데 어서 할머니께 자전거 타는 사진 보내라 하셨단다. 오성아! 부르시는 할아버지 음성에 동생도 오빠 자전거 꽁무니를 따라 다니는 줄을 알았다. 에미가 '2016년 4월 2일'이라 똑똑히 외치는 음성이 들렸다. 이날을 기념하자는 뜻일 게다. 아니 에미에겐 역사적인 날일 수도 있다. 나도 이 날짜를 수첩에 올렸다. 애들 기를 때 애

가 뒤집어도, 앉아도, 모두가 신기해서 친정 엄마께 그때마다 전화 드렸던 생각이 난다. 충분히 이해가 되었다.

아들이 동호만 했을 때 일이다. 신설동 집에서 삼선교 외할머니 댁까지 3km는 족히 될 만 한 거리를 자전거로 달렸다. 아빠가 앞장서서 길잡이를 했다. 지금같이 자전거 전용도로가 있는 것도 아니어서 찻길을 달리는 게 못내 불안해 뒤를 달리기로 쫓아가다가 포기한 기억이 새롭다. 외할머니 외할아버지께서 장하다며 용돈 주셨던 기억을 지금도 지우지 않고 있다. 그때 얼마나 가슴 뿌듯하던지! 내 아들인 것을 뽐내고 싶었을 때였다. 아들은 넓은 마당이 있는 집이 자전거타기 좋았다고 회상한다. 동호는 많이 탄 것 같지 않은데 제법이다. 더구나 오른쪽 다리를 수술 받았기 때문에 더욱 만감이 교차하며 칭찬해주고 싶다. 염려하고 기도중인 다리에 이대로 문제없었으면 하는 마음 간절하다. 처음 배울 때는 뒤에서 잡아주는 일이 힘든데 할아버지가 해 주셨을 게 뻔하다. 아들이 처음 자전거 타기를 배울 때, 과체중인 아이를 잡아주기가 힘들었던 기억이 살아난다. 달리기는 못했었는데 자전거 타는 순발력은 뛰어났다.

그 후 마당 넓은 단독 주택서 아파트로 이사한 날 떠나온

집의 마당이 생각났던지 자전거를 집안에 들여 와 거실과 식당 방을 돌며 타고 다녔다. 아래층 사시는 분께 그 얘기를 했다. 양해를 구하고자 한 얘기인데 "좋아요 자전거 소리는 안 나던데요! 뛰어도 좋아요 우리 윗집에 건강한 애들이 이사 옴에 감사드립니다."라고 하셨다. 얼마나 감동이던지! 나중 알고 보니 아들과 한반 아이 부형이셨다. 지금은 내외분이 장로님이시다.

역시 다르신 분이구나, 존경심까지 들었다. 요즘같이 층간소음이 문제 되는 때였다면 있을 수 없는 일이다. 이런 이웃이 되기를 서로 노력해 봄은 어떨지? 항상 우리를 위해 기도해주셨고 지금은 이사를 하였지만 우리를 향한 기도는 계속된다고 약속해주신 기도의 든든한 용사이시기에 장로님 내외분께 감사드린다.

남자 애들은 자전거 타기를 좋아하는 것 같다. 여자 애들은 세발자전거 타다가 그만 자전거에 대한 관심보다 인형놀이, 소꿉놀이에 관심이 더 많은 것을 딸에게서 발견했다. 어릴 적 시골서 자랄 때였다. 한참 저전거가 타고 싶었다. 동네서 우리 집에만 자전거가 있었다. 아버지 양조장 출퇴근용 자전거였다.

동네 청년들이 모두 타고 싶어 했다. 아버지는 순번을 정해놓고 빌려주셨다.

그중 아저씨 벌 되는 분이 기억난다. 3년 전 아버지 장례식 때 아버지가 자전거 빌려 주셔 그때 타본 경험 덕에 면장 시절 먼 거리를 자전거로 출퇴근 할 수 있었다며 옛날 얘기를 들려주셨다. 자전거 뒷자리서 아버지 허리를 꼭 껴안고 단발머리 날리며 달리던 추억도 새롭다. 부잣집 도련님답게 마음 넉넉한 우리 오빠도 자전거 선수처럼 잘 탄다는 칭찬을 들었다. 그때 추억을 떠올리니 오빠가 안 계신게 많이 아쉽다.

자전거 배우기를 원하는 나에게 할머니는 자전거 타기를 극구 반대하셨다. 이유는 간단했다. 계집애들이 어떻게 가랑이를 벌리고 타느냐는 주장이셨다. 지금 생각하면 얼마나 고루하고 어처구니없는 판단의 발상이셨나! 순종파였던 나를 기억한다. 그렇게 들이고 싶은 봉숭아 물도 오빠 있는 여동생은 들이는 것 아니라 하셔서 한 번도 들인 기억이 없다. 왜였나? 지금껏 이유는 모른다.

우리 집서 신작로 까지 통하는 길이 경사가 완만하여 자전거로 멋있게 은색 페달을 밟아 보려던 꿈은 무산되었다.

요즘도 자전거 전용도로를 신나게 달리는 모습을 보면 내 마음도 달린다.

피곤한 일상 중에도 동호 자전거 타는 영상은 더위에 시원한 꿀물 한 대접 들이키는 것 같은 상쾌한 기분이다.

동호야! 신나게 달려라 두발 자전거로. 야호~~

(2016. 5.)

꼬마선수

카톡 카톡~~ 핸드폰이 요란한 소리를 낸다. 환하게 웃는 완벽한 야구 선수처럼 등장한 외손자 동호다. 생일 선물로 할아버지께서 사주신 야구복을 입은 사진이 환하다. 어려서 앙증맞게 야구 복을 챙겨 입혔었는데, 이젠 제법 선수답다. 야구선수의 훌륭한 유니폼 차림이다. 제법 열 살 나이답다. 빨간 모자, 기아타이거라 쓴 빨간 상의, 흰색 바지, 방망이까지 갖추었다. 편식이 심해서 늘 기도 했는데, 많이 자랐음에 마음이 뿌듯하다. 기분이 한껏 고조된 나를 발견한다.

외할아버지 외할머니가 어느 팀을 응원하는지도 몹시 궁금해 한다. 동호는 어려서부터, 고려대학 출신 고모부가 모교 상징인 타이거를 자연히 받아드렸듯, 타이거 팀이다. 야구장도 즐겨가고, 요즘 야구 시즌 중계방송 보느라 아주 바쁘다. 이번 시즌이 끝나면 내년 4월에나 경기가 열린다나? 야구경기에 푹 빠진 꼬마선수 동호는 기본룰에 해설까지도 할 줄 아는 척척 박사 야구광이다.

지난주엔 아빠와 잠실구장에 가서 글러브도 사왔다. 등판에는 좋아하는 선수번호에 신동호 제 이름까지 새겼단다. 완벽한 선수 차림이다.

하루에도 몇 번씩 야구복 차림의 연습 장면을 카톡으로 켜본다. 우리들의 일상에 엔돌핀을 팡팡 부어주는 동호가 사랑스럽다.

요즘은 학교 운동장이나 놀이터에서, 어느 날은 세 시간씩이나 아빠하고, 그리고 친구와 연습을 했단다. 휘두르는 야구 방망이에 힘을 실어, 1학년 때 수술했던 오른쪽 무릎도, 아무 탈 없이 성장하기를 믿으며, 지금이 있게 해 주신 주님께 감사드린다. 활기 넘치는 모습이 마음 흐뭇하다. 앞으로의 동호 모습을 그려 본다. 건강하게, 그리고 키도 크고, 지혜도 자라 튼튼하고 총명한 남자아이로 커주기를 바라는 마음 간절하다.

할아버지, 할머니, 엄마, 아빠의 사랑을 듬뿍 받는 동호. 동생 오성이 까지도 꼬마 야구선수 동호의 열렬한 팬이다. 동호를 아는 사람들은 다 동호팬이다.

어느 날 오후, 사진으로만 본 동호의 야구복 입은 모습을 보러 갔다가 동호 할머니 댁에 들린 날이다. 학원시간이 임박하여 오늘은 못 만나겠구나 하고 되돌아오려는 길인데, 학원 마치고 할아버지와 큰소리로 대화를 나누며, 가까이 오는 동호를 만났다. "오늘 못 보고 가는 구나."하고 돌아가는 길인데 웬 보너스!! 기쁜 마음 감출 수 없어 동호를 힘껏 꼭 안아 주었다.

동호 손에는 아무것도 들려 있지 않았다. 그런데 할아버지 등엔 동호 책가방이, 한 손엔 신주머니, 다른 한 손엔 학원 가방을 들고 계신 게 아닌가! 환하게 웃으며 큰 소리로 대화하는 모습이 우거진 가로수를 배경한 아름다운 한 편의 그림 같았다. 할아버지의 통쾌한 웃음과, 동호의 환한 미소! 삶의 에너지가 뿜어 나온다.

평상시에 들었던 동호 할아버지에 대한 존경심이 배로 확인되는 순간이었다.

이렇게 하시는 손자 손녀 사랑은, 어디서도 들어 보지 못한, 처음 보고 듣는 일이다. 손자 손녀의 일과를, 애들이 눈치 채지 않게 다 살피시고, 안전을 책임지신다. 밀착 경호를 늘 하고 계신 셈이다.

할아버지 할머니께서 웬만한 모임은 탈퇴 하시고, 손자 손녀에게 올인 하고 계신다. 아이들을 돌보시는 일이 생산적이라 여기시는 건설적인 마인드. 모든 할아버지 할머니들이 미래의 기둥을 길러내는데, 이런 사랑담긴 마음을 닮았으면 좋겠다. 청바지에 체크무늬의 남방셔츠를 즐겨 입으시는 평소 차림이 그날도 딱 어울리셨다.

"남자는 나이를 먹는 게 아닌, 멋이 드는 것이다."라고 어디선가 들은 말이 떠오른다.

손자 책가방을 등에 지신 모습이 어색함이라곤 찾아볼 수 없었다. 이런 할아버지는 세상에 단 한 분이심을 단언(?)하는 바이다. 70대 할아버지는 손자 사랑을 가득 담은 가방의 무게가 바로 행복의 무게이리라. 여생을 온통 손자 손녀에게 거시고 행복에 젖어 사시는 숭고한 삶. 지금도 눈에서 사라지지 않는다. 그 흐뭇하고 사랑어린 동호와 할아버지의 모습이, 춤추듯 날리는 은행잎의 노란색만큼이나 환하다. 동호는 이때도 이미 동네 참새 방앗간이 된 할머니 댁으로 향하는 길이었다. 장래에 야구선수가 될지도 모를 신동호 파이팅!

(2016. 12.)

추석날 아침

추석날 아침이다.

인사할 곳도 많고 찾아 뵐 분도 여러분 계시지만 많이 줄였다. 몸이 옛날 같지 않아서다. 마음이 무겁다. 점차 일을 줄여 간다는 사실이 받아들이기 어렵다.

몇 년째 아들 집에서 추석을 준비하고 시부모님 추도예배를 드린다.

고등학교 2학년, 중학교 3학년 두 아이를 키우면서 남편 내조, 큰살림에, 교회 봉사 등 평소에도 분주한 며느리가 고생하는 날이다.

조상님 제사를 모셔간다 할 때는 내가 팔십이 되면 모셔

가라고도 했었다.

친정어머니도 팔십 세까지 모신다고 고집하시고, 실천하셨기에. 준비하기 혼자 얼마나 바쁘랴하면서도 오히려 가는 게 짐이 될 것도 같고, 이곳저곳 병원 다니느라 시간도 내질 못했다.

그래도 몇 가지 준비해 간다고 재료는 사다놓고 손에 잡히질 않는다. 하루 전. 어제 밤에서야 한두 가지 준비했다. 심히 아픈 어깨로 엄두가 나지 않아서 미루었었다. 더덕무침과 청정채 볶음만 준비했다. 애들 주고 싶은 것들이며, 들어온 선물 중에서 여러 가지를 챙겼다. 싸놓은 보따리가 식탁 위에 그득하다. 아들 가족에게 향한 마음을 싼 보따리다.

빠뜨리지 않으려 메모지를 살핀 후, 남편은 팔이 늘어지도록 차로 옮겨 싣는다. 애들이 준비하는데 뭘 이렇게 가져가느냐고 하지만 보따리에 든 것

마다 나에겐 소중한, 전해야 될 것 들이고 주고 싶은 것들이다.

막히지 않는 길을 골라서 연희동으로 향했다. 아들은 어디 오시느냐? 길은 막히지 않느냐고 연속 문자를 날렸다. 다행히 막히지 않았다. 도착하니 아들이 주차장에 나와 있었다. 며느리는 앞치마에 손을 씻으며 현관에서 밝은 표정으로 우리를 반겼다. 들어서자마자 애들 방문부터 열었다. 혜원이 지원이는 한 밤중처럼 잠에 푹 빠져 있었다.

어젯밤도 독서실서 밤 12시가 넘어서 왔단다. 한창 잠 많을 나이에 얼마나 잠이 부족할까? 자도록 두고 싶은 마음인데, 할아버지 할머니의 도착을 알고 눈을 감은 채로 안긴다. 속히 씻고 예배의 자리에 앉는다. 자는 걸 깨운 게 미안하고, 의젓한 모습에 대견하기 까지 한 것은 할머니 마음이리라

예배순서마다 식구들에게 골고루 분담시켜, 성경봉독, 기도하게 했다. 아들은 늘 예배 순서지도 우리 보기 좋게 큰 글씨로 만드는 배려도 잊지 않는다.

찬송을 부르는 남편이 신기하다. 국문학 전공 할 때 신약구약을 한 차례씩 통독을 했어도 지식으로 머릿속에만 지니

고 살아왔다. 주위에 모든 이들의 기도로, 2008년에 교회에 첫발을 내디뎠다. 아마 그때도 갑상선 암 수술을 앞둔 상태여서 주님 앞에 서기로 한 것 같다. 진작 믿을 걸 후회한 적도 있었다. 오늘이 있음에 주님께 감사한다.

교회 나가기 전, 제사 때마다 아들과 타협(?)하느라 방문을 닫고 들어간 남편과 아들은 나올 줄을 몰랐다. 길고 지루한 시간은 흐르고, 차려놓은 제사상을 바라다보기만 하던 제사꾼들은 난감하기만 했다. 제사꾼들은 시누이 칠형제의 식구들이었다. 제사를 지내고 다 집으로 갈 사람들인데, 밤은 깊어가고, 배도 고프고, 음식은 식어가고, 방문만 바라보고 있을 때다. 부자가 손잡고 나오더니, 남편은 "내가졌다."하며 손을 들었다.

아들은 제사꾼들을 향해 "고맙습니다, 죄송합니다."라며 허리를 깊이 숙였다. 지치고 상기된 얼굴의 부자 모습을 보며 만감이 교차했다. '자식이기는 장사는 없다'는 말이 맞네 하고 무릎을 칠 일이 생긴 것이다. 남편이 수년 동안 내세우던 고집(?)을 버리고 아들의 주장에 따르기로 한 것이다. 나는 중간에서 이편도 저편도 설 수 없는 상황이었다. 서로의 주장은 이랬다.

조상께 절 올리는 게 왜 안 되느냐? 몇 십 년 해오던 제사 풍습은 따르고, 나 죽은 후는 너희들 맘대로 하라는 고집과, 절은 우상숭배라는 종교적 갈등이었다. 그 후로 예배드리면서도 제사 때마다 푸짐히 준비해 모셨던 일을 떨쳐버리질 못하고 섭섭해 했다. 지금은 완전히 예수께 복종하고 따르니 주위 분들과 아들 딸 며느리의 기도응답이라 여긴다. 예배 후 상에 둘러앉아 여섯 식구가 아침식사를 했다. 메뉴마다 특색 있고, 맛있게, 색감까지 살려 푸짐히 장만한 며느리가 고맙고 대견하다.

점심은 소풍하듯이 떡과 과일 등을 싸서 메고 안산공원에 올랐다. 지난 추석에도 왔던 넓은 마루에 테이블 까지 있어서 담소하기도, 싸온 음식을 펴놓고 먹기도 좋았다. 시원하고 맑은 공기에 알맞은 햇볕을 받으며 숲을 걷노라니, 힐링 숲이라 알려진 안산공원이 좋은 게 느껴졌다. 하늘을 찌를 듯 쭉쭉 뻗은 나무들은 메타세쿼이아로 측백나뭇과에 속하는 수종이라 한다. 지난해보다 많이 자란게 눈에 띈다. 아들네가 이 동네 사는 게 참 다행인 것 같다.

지난 추석엔 남편이 담석 수술을 받은 후 며칠 안 되어 걸음도 힘이 들었다. 며느리의 부축을 받으며 안산에 올랐는데, 오늘은 앞장서서 씩씩하게 손녀 둘과 손잡고 호흡을 맞추니 한 폭의 아름다운 그림처럼 보인다. 서대문구의 자랑 중에 안산공원이 들어간다고 한다. 아파트를 나서면 바로 앞이 서대문 역사박물관이고, 그 옆엔 둘째 손녀가 다니는 연북중학교가 있다. 공원으로 향하는 길엔 오래된 감나무가 열매를 주렁주렁 자랑하고 있었다. 가로수가 감나무인 길이다.

하산하는 길, 등 뒤로 가을빛을 닮은 석양이 아름답다. 저녁 먹고 가라는 걸 뿌리치고 집으로 향한다. 딸네가 일본 여행 중이라 오늘 못 만난 게 허전했다. 여행지에서의 사진이 전송되는 걸로 대신해보지만 추석을 같이 못 보내 서운한 것은 같은 마음인가보다.

챙겨준 보따리가 차에 가득 실렸다.

이것저것 며칠을 족히 먹고도 남을 만큼 음식을 싸주었다. 연휴에 남편과 계획했던 해외여행을 접었기에 집에서 여러 끼를 잘 먹을 것 같다.

내년 오늘은 건재하려나? 둥근 달을 바라보며 '더도 덜도 말고 한가위만 같아라.'는 말이 실감난 풍성한 날이었다.

집으로 향하는 차중이다. 갖가지 생각들이 머릿속에 스멀스멀 살아난다.

일 년 중 가장 큰 달이 뜨는 우리나라 최대 명절 즈음, 오곡이 무르익고 온갖 과실이 풍성한 이시기가 되면 농사를 위주로 하는 우리 민족은 풍작에 대한 감사의 뜻으로 조상께 햇곡식과, 햇과일로 제물을 정성껏 바치는 천신 차례를 지낸다. 찹쌀을 빻아 풍요와, 다산, 다복과 장수 등을 기원하는 문양을 새긴 떡과 다식을 만들어 조상께 감사를 드렸다.

고사리 같은 손으로 다식판에 둘러앉아 칠 남매가 다투어 손가락이 시도록 눌러 만들던 다식, 노란색이 곱던 송홧가루를 꿀이나 엿에 반죽해 찍어낸 송화다식, 콩가루를 개서 박는 콩 다식, 볶은 쌀가루를 반죽하여 빚는 쌀 다식, 찍어낸 다식엔 목숨 수(壽)와 편안 강(康) 자가 한자로 찍혀 나왔다. 한자 중에 제일 먼저 알게 된 한자인 것 같다. 추석에 떠오르는 다식은 정다운 먹거리, 손에 들어도 입에 넣기 아까운 추억의 과자(?)다.

참외를 처음 따는 날은 참외를, 밀을 처음 수확해 밀가루를 찧은 날은 밀가루로 전을 크게 부쳐 집안 곳곳에 놓고 기원하던 일들도, 그 시절을 같이 지냈던 오빠, 엄마, 아빠,

할머니, 할아버지, 윗대조상들의 얼굴이 필름처럼 머리를 스친다. 유난히 옛날이 새록새록 떠오른 날, 2017년 추석날이었다.

(2017. 11.)

3

50년 만의 주례사

50년 전 결혼식 장면을 녹음으로 들으며 많은 생각을 떠올린 이례적(?)인 날이었다. 더위도 잊은 채 아들 며느리와 경건한 시간을 가진 행복한 순간이었다. 아들 며느리는 새삼스럽게 생각지도 못했던 엄마 아빠의 주례사를 듣고 무슨 생각을 했을지 궁금하다. 우리 내외가 만나 연을 맺어 1남 1녀를 두고 지금 그 애들이 또 둘씩 자식을 두었으니 귀한 손녀 셋에 손자 하나, 우리 식구가 열 명이 되었다.

보내는 마음

인천공항으로 향하는 길가엔 개나리 진달래가 활짝 피어있다. 색으로 승부를 겨루기라도 할 듯 아름다움을 자랑한다.

봄볕이 완연하다. 차창으로 들어오는 봄볕의 따스함에 겨울 동안 움츠렸던 어깨가 펴졌다. 차체가 흔들릴 정도의 바람, 봄바람치고는 심하다. 봄 풀 향기가 근처 습지 흙냄새와 어우러져 대기 속에 퍼지는 게 아지랑이로 보인다.

영국 옥스퍼드대학교 연구원으로 있는 아들집 네 식구 중 며느리와 두 손녀가 귀국하였다가 한 달 만에 출국하는 날이다. 뭐 필요한 것 없나 이것저것 사러 다니느라 제대로 챙겨주지도 못하고 섭섭한 마음이 더 하여 피곤을 부추긴다. 공항에도 못 나가나 했는데 손녀들이 기운을 돋운다. 차례로 "할머니 사랑해! 나 샤워 시켜줘" 에미가 할머니 힘드셔서 안 된다 해도 막무가내다. 샤워를 시켰다. 만지는 살갗의 감촉이 너무 행복했다. 새로 솟는 기운, 어디서 오나? 손녀들에게서 온다.

내 나이 30대 때다. 직장에서 지쳐 기진맥진 퇴근하여 집에 오면 아들 딸 보는 순간 새로운 기운이 났던 시절이 있었다.

이제 어지간히 커서 머리 감기는 것도 별로 문제되지 않았다. 물 받아 놓고 물장난하고 싶다는 것을 비행기 놓친다고 서둘러 샤워만 했다.

작은 손녀는 아빠 만난다고 좋아서 흥분하고, 큰 손녀는 아빠도 보고 싶고, 할머니, 할아버지, 고모 떨어져가기도 싫은 모양이다. 고모 출근하면 인사 못한다고 어젯밤 인사 나누라 했더니 고모 품에 안겨 울었다. 커가며 헤어짐의 서운한 감정을 아는 듯 했다. 고모 여름방학하면 할머니랑 옥스포드 간다고 달랬다.

"할머니 보고 싶어도 참을게 매일 전화하면 되잖아."

할머니를 위로하듯 어른스런 말을 해서 깜짝 놀랐다. 할머니한테 간다고 한 달 전부터 손꼽아 기다려 왔는데, 벌써 출국하는 날이 되었으니 아쉬움을 어쩌랴.

한 달이 빨리도 지나갔다. 뜻하지 않은 친정어머니 수술로 정신없이 지내느라 애들에게 해준 것도 없다. 증조할머니 병원에 두 번 데리고 가고, 놀이터 몇 번, 갈비 먹으러 두 번, 고작 함께한 시간이 이것뿐 이었단 말인가? 데리고 가고 싶은 곳도 많고, 계획도 많았는데 지나고 나니 아쉬움이 많았다.

지난 8월에 갔을 때보다 작은 손녀가 말을 제법 잘한다. 의사소통은 물론 문장을 만들어 의견을 표현하는 정도가 되었다. "애기는 말 못해. 왜냐하면 애기니까." 그런 말도 할 줄 안다. "나는 할머니가 세상에서 제일 좋아, 할머니 나 좋아해?"라고 묻는다. 할머니 좋아하는 색이 뭐냐고 물었다. 할머니가 보라색을 좋아한다 했더니 온통 색칠공부 책에 과일이며, 꽃들을 보라색으로만 칠을 한다. 할머니 좋아하는 색이라고. 이런 행복감을 돈으로 살 수 있을까?

2002년 6개월 된 손녀를 포대기에 싸서 옥스포드로 간지 2년 반. 벌써 컸다고 언니가 하는 대로 무엇이든지 따라 한다. 큰손녀는 동생을 예뻐하다가도 귀찮게 한다며, 주먹으로 쥐어박기도 하고, 동생 때문에 힘들다고 엄살도 부린다.

한번은 동생이 운다고 비닐봉지를 얼굴에 씌었다. 깜짝

놀라서 그러면 안 된다고 했더니, 우는 소리 시끄러워서 그랬단다. 말의 섬세한 맛을 내듯 그럴듯한 표현도 쓸 줄 아니 기특하다. 식혜를 좋아하는 큰손녀. 엿기름을 가져가서 매번 해 주었다. 자다가도 깨면 식혜를 찾았다. 언젠가는 시골에서 강아지가 밥을 먹는데, 밥풀 뜬것 보고, 나도 식혜 달라고 떼를 썼다니, 혜원이의 식혜 사랑을 알만하다.

나란히 누워 자는데 창밖에 둥근달이 보였다. 영국에서 보이는 달이 한국에서 보는 그 달이냐고 묻는다. 너무 시적인 질문인가? 천문학적인 질문인가? 책을 일곱 권이나 낸 글 잘 쓰는 할아버지, 천문우주학을 전공하는 애비의 유전자를 받은 모양이다. 유치원 다니는 큰손녀는 영어를 쓰기도 하고 말도 곧잘 한다. 그곳 유치원에서 크리스마스 때 연극을 하는데 주인공 역을 했다.

우리말은 자꾸 잊어 가는 것 같다. 출국장으로 나가기 직전 또 아쉬움과 미련 때문에 마지막 순간 운동화를 새로 사신게 했다. 우리는 서로 눈물을 주체하지 못했다. 더 크면 몰라도 우린 지금 짝사랑 아닌, 진짜 사랑을 서로 하고 있는 것이다. 안고, 서며, 유리문을 통해 뒷모습이 보이지 않을 때까지 보고 또 보고 평소 다리 아픔도 잊어버린 채 가장 먼저 마중 나오고 가장 멀리 배웅하는 사람이 가족이라 했지. 손녀들은 가족의 사랑을 듬뿍 안고 떠났다.

연구원으로서의 일에 밀려 같이 오지 못한 아들이 보고 싶어졌다. 가서보면 거의 잠을 못 자고 연구실에서 지내는 아들이 딱 하기도 하고, 성실한 연구에 기대가 모아짐은 부모의 욕심일까? 이러한 끈끈한 가족사랑은 3년 체류기간 동안 네 번이나 아이들을 보러 옥스퍼드를 오고갔다. 돌이켜보니 극성스런 강행군이었다. 한번은 3월에 다녀오고, 딸이 여름방학을 하고 같이 갔다. 교회에서 시어머니가 오신다했더니, 전번에 오신 시어머니가 또 오시느냐고 물었을 정도였다. 지금 열 시간 비행으로 옥스퍼드에 가라면 엄두도 못 낼 일이다. 오직 아이들 보고 싶은 마음이었기에 가능한 일이었다.

집으로 오는 길. 하늘을 올려다본다. 하늘 높이 나는 비행기가 모두 히드로 행 비행기로 보인다. 10시간 비행 후 아들과 세 식구의 만남을 그려본다. 나는 손녀들이 여기저기 늘어놓고 간 장난감을 치우며 금방 떠난 빈자리에 허전함을 어찌할지? (2005. 4.)

50년 만의 주례사

수은주가 34도를 가리킨 푹푹 찌는 한 낮이다. 아들 며느리가 큰 상자를 무겁게 마주 들고 들어선다. 이 더운 날 뭘까? 전축이란다. 최신형 전축이다. 저희들이 가지고 있는 오디오 시설이 좋다했더니 엄마에게 음악 감상실을 마련해주고 싶어 했다. 엄마는 있는 것도 치워야 될 나이라며 말렸는데, 많이 축소해서 조촐한 것으로 장만한 듯 했다. "뭘 이렇게 애써."라고는 했지만 신경 써주는 것이 고맙고 기분 좋았다. 얼마나 바쁜 아들며느리인데…. 이런 일에 신경을 쓰다니 미안하기까지 했다. 라디오는 물론 CD, USB, LP판 라디오 등 복합적인 기능을 가진, 간단하면서도 내실을 기한 기계였다. 아들의 자상한 설명은 시작되고 벌써 조용한 클래식음악이 흐른다. 더위까지도 멀리 사라지는 기분이다. 참 좋았다. 방안은 금방 음악 감상실로 변했다.

독일제 듀알 전축, 구룬디히 라디오를 1966년에 사서 지금까지 가지고 있었다. 오래 되었어도 비싼 값을 치른 세계적인 상표기에 지금까지 모셔(?) 두고 있었다. 앰프는 다 녹아서 버렸다. 오히려 퇴직 후 장만한 국산 전축은 요긴히 써왔다. LP판도 제법 가지고 있다. 결혼 할 때 남동생이 가지고 싶다며 두고 가라고 했다. 그때 음악 감상에 대한 꿈으로 부풀어 있었기에 동생의 애원하던 마음을 거절했다. 혼수 제1호로 여겨 우아하게 차려놓고 많이 사용하려던 계획은 마음뿐 일상에서 음악 감상의 시간 여유는 주어지지 않았다. 직장과 살림을 병행하며, 육아에, 시부모님 병환 간호, 그리고 본인의 중병치레까지 하느라 몇 번 꺼내 보지 못했다. 동생이 그렇게 원했는데도 안 주고 묵힌 못된 누나가 나인 것을 요즘 반성한다. 동생 보기에 면목이 없다.

1969년 12월 6일, 오후 3시 종로5가 이화예식장에서의 결혼식. 실황녹음판을 가지고 있었는데 한 번도 들어볼 기회가 없었다. 50년 전 부모님 결혼식이 궁금했던지 어서 들어보자며 서두르는 아들 며느리, 그 신랑 신부인 우리 내외는 멋쩍기 한이 없었다. 이화예식장 실황 녹음판이 벌써 아들 손에 의해 턴테이블에 올려졌다. 신랑 윤 군과 신부 최 양이라는 주례사의 시작 멘트에 우리는 동시에 소리 내어 웃었다.

요즘은 주례사가 짧거나 생략 혹은 덕담으로 순서를 메우는 추세이지만, 당시 주례사가 어찌나 길던지 그때는 귀에 아무 소리도 들리지 않았다. 지금 들으니 정말 영양만점의 당부기 담긴 주례사였다.

주례선생님은 신랑의 은사이신 전 통일부 장관 유상근 장로님. 그 후 명지학원 재단 이사장을 지내신 분이시다. 부모님 공경하고, 현모양처로서 할 일을 조목조목 일러주셨다. 신학 박사답게 성경구절을 인용, 평생을 하나님과 함께 하라는 당부도 있었다.

손녀딸 혜원 지원이가 모두 명지초등학교 졸업을 했음도 인연이란 생각이 든다. 그때 오셨던 하객들은 세상을 많이 뜨셨고 양가 부모님도 안타깝지만 우리를 두고 떠나신지 오래다. 하객 여기저기서 하는 얘기 중 생각나는 말이 있다. 12월 6일 추울 때 인데 하객들이 겉옷(두루마기 입은 사람이 많았음)을 벗어 들 정도로 따뜻했다. 그래서일까? "신부가 마음이 따뜻한가 보다"라는 말이 들렸다. 그리고 "신부가 너무 말라서 애기를 낳겠느냐"며 '개미허리인 신부가 애기 낳으면 내손에 장을 지진다'는 약속까지 하는 말에 어이가 없었다. 너무 심하다는 생각을 떨쳐 버릴 수가 없었다.

신부를 걱정해서 한 대화리라. 신부를 위해 더 기도해 주지 않았을까? 그런 생각으로 위로를 삼았다. 신부체중 38kg에 허리가 23인치. 그런 걱정을 할만도 했다. 드레스도 허리 맞는 게 없어서 맞춤으로 했고, 신랑의 키가 작아서 하이힐 대신 실내화를 구해서 신었던 기억들이 되살아난다. 그런 신부가 튼실한 아들과 예쁜 딸을 낳았다면 어떤 반응일지 궁금하다. 신랑은 처가의 심한 반대를 무릎 쓰고 성혼한 기쁨을 여행 떠나기 전 남산에 올라 '내가 승리했노라'고 허공을 향해 외치던 메아리가 지금도 귀에 들리는 듯하다. 요즘처럼 외국으로 신혼여행을 가고 국내여행도 여러 날 휴가를 낼 수 있던 때가 아니었다. 여행지는 주로 온천이었다. 우리 신혼 여행지도 온양 온천이었다. 신혼여행기간 동안 내가 맡은 일을 대신할 친구를 구해놓고 고작 2박 3일 다녀와서 근무했다.

첫날 밤, 다음날 아침이다. 창문을 여니 눈이 무릎에 찰 정도로 많이 쌓여 있었다.

"신혼첫날 눈이 많이 내리면 부자 된다."고 하는 말을 들은 적이 있다. 그 말을 믿었다. 싫지 않은 말이었다. 축가 시간엔 재직하고 있는 학교 오케스트라 단원들이 웅장한 팡파르를 울려주었다. 지금 학생들의 이름은 기억 못 하지만 시간 내서 귀한 축하를 해준 제자들을 한번 불러 모으고 싶다. 그때 얘기를 나누며 흐뭇한 잔치를 베풀어 주고 싶은 마음 가득하다. 그때는 피로연을 선물로 대신하던 때였다. 그런데다 늦은 점심시간이었다. 빵(카스텔라) 한 상자씩 손에 들려 보냈는지? 식사를 챙겨 주었는지는 기억에 없음이 유감이다. 시골서 오신 하객들과 학생들은 식사 대접을 한 걸로 기억한다는 신랑의 말을 들으니 다소 위안이 된다.

그래도 잔치는 배불리 먹고 즐기는 게 아닌가? 그런 서운함이 지금의 너무 성대한 피로연으로 변질(?)된 것은 아닌지?

50년 전 결혼식 장면을 녹음으로 들으며 많은 생각을 떠올린 이례적(?)인 날이었다. 더위도 잊은 채 아들 며느리와 경건한 시간을 가진 행복한 순간이었다. 아들 며느리는 새삼스럽게 생각지도 못했던 엄마 아빠의 주례사를 듣고 무슨 생각을 했을지 궁금하다. 우리 내외가 만나 연을 맺어 1남 1녀를 두고 지금 그 애들이 또 둘씩 자식을 두었으니 귀한 손녀 셋에 손자 하나, 우리 식구가 열 명이 되었다. 그런데 친 손자를 얻지 못한 게 한편 섭섭하다. 우리가 받는 아들 며느리의 효도를 아들은 못 받겠구나 하는 생각 때문이다.

우리가 자식들의 울타리더니 점점 아들딸이 우리의 울타리가 되어주니 든든하다. 결혼식 사회를 맡았던 남편 친구는 지금도 귀한 일로 사회에 봉사 중이고, 양가 대표 인사말을 해주셨던 작은 아버지는 5년 전 세상을 떠나셨다.

놀이동산보다 신나는 우리 가정의 울타리는 우리 열 명이 지킨다. 우리 가족 파이팅! (2017. 8.)

잊고 싶은 날

푹푹 찌는 7월 13일, 1990년 여름이었다.

"사랑의 하나님! 모친께 평안한 마음을 주옵소서. 수술을 집도하실 의사 선생님께도 지혜와 신의 자비로운 손을 주소서. 하나님께서는 능치 못할 일이 없으신 줄 믿습니다. 예수님 이름으로 기도드립니다. 아멘"

목사님께서 멀리 지방 출장 중에 전화로 해주신 기도다. 나는 볼에 흐르는 뜨거운 눈물을 손등으로 훔치며 태연한척 했다. 그러나 수화기를 잡은 손은 쉴 새 없이 떨리고 있었다. 가족들은 속속 굳은 표정으로 병실에 도착. 드디어 무표정한 아저씨가 끄는 침대에 실려 지하 수술실까지 내려갔다. 아들딸이 울며 양쪽 손을 잡고 동행했다.

딸을 임신 중 8개월에 맹장을 오진했었다. 교사시절이었다. 수업이 많아 장시간 서 있다 보니 몸에 무리가 왔다. 자궁 문이 열렸으니 안정하라는 산부인과 의사의 말이었다.

그러나 오른쪽 다리를 펼 수없이 아팠고, 열이 나며, 배 전체의 통증이 꼭 맹장 같다는 생각이 들었다. 두 군데 병원을 거쳐 외과 원장이신 친척 아저씨 병원에 가니, 맹장이라고 당장 수술을 하자고 하셨다.

진단 시간을 끌어서 맹장이 터졌다. 복막염을 일으켜 여러 날 고생했다. 거의 만삭이라 태아를 희생 시켜야 될지도 모른다는 의사선생님 말에 황당함이란 무어라 표현할까? 수술이 성공해도 두 달 후 정상 분만은 어렵다고 했다. 지금도 만나면 그때 얼마나 신경을 쓰셨던지? 그때 처음으로 외과 전공 수술의사가 된 것을 후회 했다고 하셨다. 고맙고 미안한 마음 그지없다. 시어머님께서 나를 일으키고, 눕히시느라 무릎에 멍이 드실 정도로 고생하셨다.

그 후 17년 자궁근종으로 수술대에 오르는 날이다. 또 배에 칼을 대다니 겁쟁이인 별명이 무색할 지경이다. 마음이 진정 될 리가 없었다. 하나님의 계획이라면 어쩌랴! 그러나 많은 것을 허용하고자함이 내가 해야 할 첫 번째 훈련임을 안다.

아들은 엄마 수술이 오후면, 다른 수술로 지친 상태서 수술해 실수할까? 오전이면 전날 수술 후, 혹시 술 마셔서 술이 덜 깬 상태서 하면 어쩌지? 의사들 스케줄 걱정까지 했다.

공연한 걱정은 아닌 듯 세심한 아들의 걱정이 엄마와 통했다. 역시 '내 아들이네'라는 생각에 미소 지어진다.

가족들이 뻥 둘러싸고, 마지막 떠나보내듯 수술실로 전송했다. 이 사랑하는 얼굴들을 다시 볼 수 있을까? 수술대까지 올랐는데 언니가 보이지 않았다. 언니를 영 못 보는 것은 아닐지? 호주로 이민 간 동생 얼굴도 떠오른다. 미칠 정도로 동생이 보고 싶어진다. 입원 전 텔레비전 드라마서 수술실에 실려 들어가는 환자를 보고 많은 눈물을 흘렸는데, 내가 꼭 그 상황이다.

뜨거운 눈물은 계속 두 볼에 흐르고 있었다. 수술대에 드디어 눕혀졌다. 맥박은 빨라지고 가슴도 말처럼 바삐 뛰었다. 이때다. 저지를 무릎 쓰고 수술실에 숨 가쁘게 언니가 들어섰다. 언니는 침착하려 애쓰며 내손을 잡고기도하다가 끝도 못 맺고 수술실 밖으로 내 쫓겼다. 귓가에 "하나님께서 함께 해 주실 거야." 하는 언니의 떨리는 음성이 쟁쟁히 들렸다. 언니의 기도가 하늘에 까지 전해지는 듯 했다. 진정한 한 톨의 소망을 구하는 언니의 기도는 지금도 변함없다. 늘 우리 식구들을 기도로 챙겨주신다. 천사표는 우리 언니 트레이드마크다.

집도 의사들과 모든 스텝진의 수술 준비 완료다. 계속 소리 내어 우는 나에게 큰소리로 타이른다. 다음 스케줄에 차질이 생길 수 있다고 진정하기를 당부하는 과장님의 말씀에 마음을 진정하려 갖은 애를 썼다. 수술대 위에 밝은 등이 수없이 켜지고, 파란 수술복 차림에 눈만 내놓은 얼굴들, 혈압이 높다며 이를 조절하기에 이르렀다. 정상이던 혈압이 일시적 긴장과 흥분으로 올랐을 거란 생각이 들었다. 순조로운 수술과 컨디션이 되기를 기도할 뿐이었다. 순간 공중에 뜨듯이 황홀함과 몽롱함을 함께 느끼며, 깊은 수면에 빠졌다. 전신 마취에 들어가는 순간이었다.

3시간 후 회복실을 거쳐 병실까지 올라온 시간은 오후 1시라 했다. 식구들이 얼마나 초조하게 전광판을 바라다보며 기도했을까? 엄마와 아버지 온 식구들이 10년은 감수했으리라. 10일 후 수술 상처와 순조롭지 못한 배뇨작용으로 괴로웠다. 그 후 부모님께선 늘 보약까지 신경을 써주셨기에 지금의 나를 있게 해주셨다. 자궁 근종의 발견은 우연히 장검사시 발견이 되었다. 자라는지 보며 살피자 했는데, 지레 겁을 먹었다. 딸이 고 2인데, 내년 고3 때 수술을 하게 되면 수험생 딸에게 지장이 있을까 싶어 서둘러 수술을 원했었다. 도시락 못 싸주어 대학 못 갈까봐 수술을 자처했으니 잘 잘못은 두고 볼일이다.

그 해 9월. 수술 받은 병원이 장마로 물난리를 겪었다. 배를 타고 환자들이 대피하는 소동까지 벌어졌었다. 보기 드문 사건(?)아닌가? 9월 20일로 정했던 수술 날짜를 아들 딸 방학기간에 한다고, 7월 13일로 앞당기게 되어 화를 면한 셈이다. 이일도 감사제목이다. 많은 사람들이 문병을 왔다. 엄마, 아버지, 오빠는 매일같이 병원에서 살다시피 하고, 수술실에 달려 들어와 기도하다 내쫓긴 언니도 식구들을 두고 3일 밤을 새워주셨다. 언니 딸인 대학 재학 중이던 사랑하는 조카도 두 명이 교대로 병실을 지켜주었다. 쉽게 할 수 없는 일을 해준 언니, 그리고 두 조카 자매에게 고마운 마음 잊지 않고 있다. 올케들도 음식을 해 날랐다. 아마 10일간 거의 해온 음식으로 기운을 살릴 수 있었던 일은 기록할만한 드물고, 푸근한 가족 사랑이 아닐 수 없다. 그 고마움을 잊고 사는 것 같아 부끄러울 때가 있다. 사랑하는 가족의 은혜를 갚아야한다고 다짐을 해본다.

내 몸에 칼을 대는 일이 다시는 없기를 바라는 마음이다. 지금도 다리가 시리고 수술 부위의 가려움증으로 고통이 심하다. 건강의 중요성을 백만 번 사무치도록 느끼고 있다. 약골로 태어난 나는 두고두고 부모님께 걱정을 끼쳤다. 최악의 불효가 건강문제였다. 어떤 상황에서도 하나님이 지켜주실 것을 믿는다.

지금 라디오에서 오페라의 아리라 중 「축배의 노래」가 마음을 흔든다. 우연이 아닌듯하다. 이 노래에 내 마음을 담아 주위에 사랑하는 사람들에게 실어 보내고 싶다. 잊고 싶은 날은 지나갔다. 꽃들이 활짝 웃는, 찬란한 이 4월에 아픔을 털고 크게 웃고 싶다. 축배를 들고 싶다. 창공을 향해 높고 더 높게. (1995. 4. 24.)

선생님 저를 살려 주세요

"선생님! 저를 살려 주세요. 제발! 아직 공부해야할 아들딸이 있어요."

의사선생님의 가운을 잡고 애원했다.

18년 전 위암 진단 후 항암제를 맞아야 한다고 종양내과 선생님을 만나는 자리에서다.

"초등학생 자녀가 있을 연세는 아닌데 혹시 우울증 아니세요?"

주치의의 퉁명스런 대답이 날아왔다. 잔뜩 긴장하고 주치의 얼굴만 쳐다보던 우리 가족들은 어리둥절했다. 가슴에 비수가 꽂힌 듯한 내 마음 누가 짐작이나 했을까? 보호자는 한 명만 들어오라는데 우리는 보호자도 여럿이 들어갔다. 이것도 주치의 심사를 거슬렸으리란 생각도 했다.

그 후 네 번의 항암 주사. 신문 활자에서 항자만 보아도 머리카락이 섰다. 그때의 구토와 이상한 입맛, 수십 년 정체된 개천 흙을 입에 넣으면 이 맛일까? 몸이 바짝 바짝 마르는 듯한 기분이었다. 주사 후 1시간 후면 어김없이 찾아오는 몸부림 칠 정도의 괴로움, 진통제도 진토제(구토방지제)도 소용이 없었다.

4주마다 맞는 주사는 백혈구 부족이 나타나서 지연 되고 몇 개월씩 걸렸다.

좋다는 것은 일본까지도 가서 구해 온 남편. 백혈구 수치 높이는 일까지도 도와준 셈이다. 머리카락은 우수수 온몸에 털이란 털은 모두 빠질 정도의 독한 약. 위암 치료 항암제가 더 심한 탈모를 일으킨다는 것이다.

여자에게 머리란 얼마나 중요한가. 나는 잘 때도 모자를 썼다. 새벽 혈압, 체온, 맥박 체크 들어오는 간호사들에게도 보이기 싫어서였다.

대학원 다니던 딸은 엄마가 잠 못 잘까봐 이불을 뒤집어 쓰고 손전등을 켜고 공부를 했다. 몸부림치며 울던 아들의 뜨거운 눈물은 내 뺨에 흘러내려 암세포를 죽이는 것 같은

생각까지 들었다. 이런 감정이 모자 모녀간의 철륜이라는 생각이 든다. 며느리 감도 자주 들려 나를 기쁘게 했다.

언니와 올케들이 이런 저런 죽을 쑤어 날랐다. 물도 삼킬 수없는 상황이었다. 혀에는 물집이 밥풀같이 앞뒤로 붙어 있었다. 병문안 오면서 모자를 사다 주는 친구들도 있었다. 가발도 샀다. 그때 주사실 앞에서 모자 쓴 사람들은 항암제 맞는 사람들이구나라는 생각이 들 정도로 모두 모자를 쓰고 있었다.

체중은 매일 1킬로그램씩 빠졌다. 항암주사 네 번 마친 후는 17킬로그램이 줄었다.

흉한 내 몰골과 최악의 무기력 상태로 인하여, 극단적인 생각을 하루에도 몇 번씩 했을 정도였다. 이때 호주 시드니에 이민 간 동생이 왔다. 가족들이 이모와 한 달만이라도 같이 있다오라고 했단다. 다시 일어설 용기를 주었다.

모시고 살던 시어머님께선 몇 년째 병원에 입원하신 상황이었다. 집안은 편치 않았다. 나는 늘 속이 쓰리고 아팠다. 동네 내과에서는 신경성 위염이라 했다. 약을 먹으며 죽을 먹었다. 조금 좋아지다가 다시 쓰린 증상이 반복되곤 했다.

나중엔 위암일 것이라는 진단을 자신이 미리 내리고 겁이나 병원도 못 가고 지냈다. 거의 실신상태로 응급실에 가게 되었다. 병명을 못 찾았다. 일주일 간 매일 위내시경을 했다. 금식할 때 속 쓰림 증상은 극에 달했다. 우리 교회 목사님이 아침저녁으로 오셔 기도해 주시고 내시경실까지 휠체어로 밀어주셨다. 속 쓰림을 참지 못해 목사님 팔을 잡아당기고 쥐어뜯기까지 했다.

지나고 보니 위장병의 증상 중 제일 나쁜 것이 속 쓰림임을 그때 알았다. 미국 병원에 가서 수술 받자는 남편의 제의가 있었다. 시어머님도 병원에 계셨고 친정 부모님께선 아픈 딸을 멀리 보내고 얼마나 걱정을 하실까 생각되어 의논 끝에 국내병원서 수술 받기로 했다.

항암치료가 끝나고 위내시경 검사 결과는 좋다고 했다. 잔치 분위기였다.

오백 원짜리 동전만한 암세포 크기를 줄여서 수술한다 해서 안 하게 되던지 일부만 떼 내는 수술이라 생각했다.

· 1997년 9월 23일 드디어 수술 날

수술은 8시간이나 걸렸다. 부모님 형제자매 온 교인들이 모여 기도 했단다.

남편은 팔짱을 끼고 앉은 채 자리에서 꼼짝도 할 수 없었다고 그때 상황을 얘기했다. 겨우 마취에서 깨어날 때다. 수술을 담당했던 선생님 회진이다.

아연 실색! 정신을 잃을 뻔했다. 위 전체를 절제했음을 의사와의 대화에서 알았다. 좋아졌다기에 그렇게 대수술이라곤 여기지 않았다. 명치서 배꼽 아래까지 두껍게 싸맨 부위가 터질 것처럼 분노가 폭발할 듯했다.

쓸개 없는 놈이란 말은 많이 들었어도 밥통이 없으면 어떻게 되는 것일까? 살아갈 일이 캄캄했다. 애들은 어쩌나! 머리엔 온통 그 생각뿐이었다.

떼어낸 위를 잘게 잘라 검사한다 했다. 수술이 추석 무렵이었다. 언니는 떡보가 떡을 못 먹게 될까 염려 되셨던지 송편을 미리 해 오셨다. 송편 한 대접을 단숨에 먹었다. 소화도 잘 시켰다.

검사결과를 놓고 항암치료 여부를 정하는 날이다. 다른 날보다 일찍 오빠가 부모님을 모시고 왔다. 매일 아침만 해 드시고는 곁에 계시다 가시던 부모님. 그날은 까치가 떼로 몰려와 오빠 차 주위를 맴돌며 짖어서 좋은 소식 들을 것 같은 예감이라 하셨다. 결과는 엄마의 예감이 맞았다. 항암제는 안 맞아도 된다고 했다. 다행이란 생각과 오진 아닐까? 라는 생각이 교차 했다. 바로 다음날 남편은 구리시 소재, 천마밭에 무공해 농사로 치료를 돕겠다며 천마밭 한쪽에 채소 심기를 시작했다. 주말에만 갈 수 있으니 가면 일이 아주 많다고 했다. 혼자 하면서도 여러 가지를 재배해 주일날이면 많이 가져와 나누어 먹었다. 채소 심기를 여러 해 계속했다. 얼마나 힘들었을까? 아들딸이 같이 갔으면 좋은데 교회 가느라 함께하지 못함을 좀 서운히 생각했다. 남편은 교회 나가기 전이었기에. 채소 농사를 시작한지 얼마 후부터 그 지역의 땅 값이 많이 올랐다. 주위에선 마음을 잘 쓰니 복이 왔다고 자기 일처럼 좋아들 했다. 나도 "하나님이 복을 주셨나?"라고 생각했다.

· 18년째 주치의로 나의 건강을 돌봐주심

나를 우울증 환자로 몰던 주치의는 지금 18년째 내 병을 관리해 주시는 고마운 분이시다. 10년 전이었다. 아들의 연구가 쾌거를 올린 기사가 실린 일간지를 보여 드렸다. "우주 나이를 밝힌 그 젊은 과학자가 아드님이세요?" 정말 놀라시면서 저희들도 못 이룬 꿈 이라고 칭찬 해주셨다. 그 후로 나를 다시 보시고 항상 아들의 근황을 물어보시며 격려해주신다.

오늘도 3개월 만에 검사 후 결과 보는 날이다. 좋다며 용기를 주신다.

지팡이 짚은 게 안쓰러우셨던지 문을 열어주었다. 외국학회 참석 후 아침에 귀국하여 바로 병원으로 와서 진료중이라니 얼마나 피곤하실까? 인삼 마 주스 한 잔을 드리고 돌아서니 조금 마음이 편해진다. 찡그리고 아픈 하소연만 하는 환자들을 대하니 말이다.

언젠가는 신문에서 의학상 타신 기사를 보고 축하해 드렸다. 아드님 상에 비하면 대수롭지 않은 상이라며 겸손해하셨다. 오래도록 나의 건강을 맡고 계신 선생님과의 인연은 언제까지일까.

위를 조금이라도 남긴 사람과 나 같이 완전 절제한 사람은 엄청난 차이가 있음을 살면서 느낀다. 토함과 급한 설사 등 남모르는 고통 중에 있으니 자신이 딱하다가도 이만함도 하나님 주신 복이라 여기며 살아간다. 수술할 때 아들딸에게 엄마가 어찌 될지 너희들 끼리 살아갈 마음의 각오를 하라고 했다. 바로 그 말을 받아 울면서 하는 말엔 많이 미안한 맘이었다. 엄마는 환갑이 지나도록 부모님 사랑 받으며 누리고 살면서 우리보고 그런 당부가 가당키나 하냐는 뜻이었다.

먹는 게 부실하다 보니 그 여파로 여기저기 삐걱 대는 몸의 소리를 듣는다. 허리 무릎 등 여기저기 아프니 세계보건기구가 정의한 질병이나 단지 허약상태뿐만 아니라 육체적 정신적 사회적 안녕 상태라는 건강의 의미와는 거리가 멀다.

연로하신 은사님께서 대전에서 병문안 오신일, 맞벌이하면서 주사 맞는 날이면 친구를 보내준 친구 남편도 고맙다. 시누이들 칠형제가 모아준 격려금, 매일 개근하셨던 부모님과 오빠의 위로, 예비 며느리였던 지금 며느리의 잦은 방문도 잊지 못한다. 난 이를 악물고 버티었다. 주위에서 기도해주신 분들 때문에라도 이겨야 한다고. 이기고 버틸 힘을 주시라고 기도한다.

선생님 제발 살려 주시라고 주치의 가운 잡고 애원하던 나는 살고 있다. 올 해도 찾아온 새봄의 기운을 호흡하며 하나님의 손길과 현대의학의 힘에 감사하면서.

(20015. 봄)

마음 비우기

일류 명품 핸드백은 없어도 오천 원짜리부터 각가지 핸드백이 여러 개다.

50년 된 핸드백, 지금은 소식이 끊긴 친구가 손수 짜준 핸드백까지.

그중에도 아끼고 유용하게 쓰는 것이 있으니 딸 사위가 하와이 신혼여행서 사온 것. 아들며느리가 칠순 선물로 보스턴서 사온 것. 조카딸이 생일 때 사준 백, 그리고 최근 어버이날에 딸 사위가 사준 백이다. 저가의 핸드백이라도 외출 시에 손에 잡히는 백이 있는가 하면 꽤나 값을 치룬 백인데도 구석에서 빛을 못 보는 게 있다. 작년 이사 시 많은 정리 후 남겨둔 것 들이다.

새로 산 백이 있었다. 꽤나 우아해 보이는 베이지색 천을 사용했는데 아래 덧 댄 단에 광채까지 나는 것이 마음에 들어 산지 몇 년이다. 그런데 이상하게 살 때 마음 같지 않고 안 들게 되었다. 정리 할 때마다 들었다 놓았다 하길 여러 차례. 누굴 주자니 아깝고 버리자니 살 때 가격이 생각났다. 그렇다고 들고 다니기에는 더욱 아닌 백이 되었다. 무거운 것을 잘 안 드는 편인데 그리 무겁지도 않은 백이다. 버릴까? 아니야? 망설이기를 수차례였다.

어느 날 갑자기 더 이상 이 백으로 신경 그만 쓰자하고 헌옷 버리는 곳에 버렸다. 미루고 미루던 한 가지를 정리했다는 생각에 시원하기 까지 했다. 그리고 얼마가 지났을까? 자다가 갑자기 백을 열어 보지도 않고 버린 게 후회가 되었다. 빈 백에 귀중품을 넣어 두는 버릇이 있는데 지퍼도 안 열어보고 버린 게 마음에 걸렸다. 분명 무언가 넣었을 텐데 아무 생각 없이 버린 게 얼마나 바보스런 일인가? 지금도 후회하고 있다. 찬찬치 못한 성격을. 아니 집착하는 성격을….

친구가 손수 짜준 가방은 여러 해를 잘 들고 다녔다. 그 후 퇴색 되어 10여 년 간 받았던 학교에서의 월급봉투를 넣어 보관하고 있다. 버린 백에도 무언가 추억이 될 만한 것을 담아 두었을 텐데….

유난히 둥근달이 환한 밤. 커튼을 내리고 잠을 청해본다. 다시 일어나 서성이는 못 말리는 성격발동이다. 무엇을 넣었을까? 이런 일들이 잠 못 이루는 이유 중 하나고 남 보기에는 사소한 일을 마음에 담아두고 포기 못하는 마음을 후회해 본다. 고쳐야한다. 고치자! 외쳐본다.

얼마 전에 남편을 저세상으로 떠나보낸 친구가 있다. 여러 해 같이 고생을 했다.

그 후 처음 만나서 하는 말이 “사람만 없어졌다”고. 함축성 있는 표현인 것 같다. 그래 그렇다. 아무것도 가져 갈

수 없는 빈손으로 떠나야 할 우리인데 무엇을 마음에 두나. 미워하는 마음도 서운한 감정도 다 잊고 홀가분한 마음으로 살아가고 싶다. 공중에 나는 새를 보며 부럽다 생각한다. 날다가 힘들면 쉬고, 노래 부르고 싶으면 노래하고, 새는 참 좋을 것 같다고. 날으는 새들은 생각도 우리 인간처럼 복잡하진 않겠지 설마. 금붕어 아이큐는 3이라던데 새들의 아이큐는 얼마나 될까?

도무지 생각이 나지 않는다. 그 백 속에 무엇을 넣어 두었는지를! 내 아이큐도 별 수 없는 금붕어 급인가 보다. 이렇게 생각이 안나니 답답하기 그지없다. 상처에 소금 뿌린 격이 된 꼴이다. 더러워진 벽에 흰 페인트를 칠하듯 복잡한 생각을 지우자.

나에게서 떠나 간 것들을 잊으려 해도 잊혀 지지 않는 게 집착이다. 이젠 그 집착에서 벗어나자.

집착을 버리려 백을 버렸나보다. 나의 여러 개 백들은 서랍 속에서 서늘하게 누운 채 변함없이 주인인 나의 외출 시 선택되기를 고요히 기다리고 있으리라.

(2016. 6. 5.)

모자(帽子)

오늘은 아산병원에 진료를 받으러 가는 날이다.

예약 시간에 맞추어 길을 나서는데, 바람까지 세차게 부니 얼굴이 얼어붙는 듯했다. 그래도 마음 가벼운 것은 승용차로만 다니던 길을 전철로 다니는 재미가 쏠쏠하기 때문이다. 전철서 내리니 병원 셔틀버스도 기다리고 있었다.

10분이면 걷는 것도 운동이겠다 싶어 찬 공기를 가르며 부지런히 걷고 있을 때다. 누가 가까이 오면서 내가 쓴 모자가 예쁘다며 어디서 샀느냐? 브랜드가 뭐냐? 말을 걸어왔다.

"쓰고 계신 모자도 예쁜데요."

그도 예쁜 모자를 쓰고 마스크도 하고 있었다. 이른 시간이라 마스크까지 했나? 영하의 날씨이기는 했으나 모자 쓴 차림이 내 경험으로 보아 암환자 같았다. 항암제 치료로 탈모가 심해 모자에 관심이 많을 것임을 알아 차렸다.

'담배도 술도 못한 사람이 웬 폐암이냐고요'하는 말이 한숨 소리 섞인 투정으로 들렸다. '주부들은 부엌에서 요리할 때도 알게 모르게 매연을 맡는 것도 폐암에 일조를 한다는 통계도 있다지요?', '거의 20년을 남편과 사별 후 부엌에서 심히 일도 안 한 걸요.' 그가 말했다. 나이는 70세고 대구가 집인데 서울 병원이 좋을 것 같아서 이 병원을 택했단다. 7개월 전부터 병원 가까이 원룸에 머무르고 있다고 했다. 아산병원의 수술과 치료를 만족해하는 눈치였다.

삼남매의 자녀들이 다 어엿한 직장 다니며 엄마의 간호를 기도해 주고 있다 한다. 그럼 삼남매를 혼자 키웠다는 얘기인가? 어려웠을 것이라는 동정심이 일었다. 군인이었던 남편의 연금이 나와서 치료에 많은 도움이 된다고 했다. 그 얼마나 다행인가. 목에까지 전이되어 힘들었던 얘기도 했다. 얼마나 힘이 들었으면 처음 보는 나에게 가정사까지 떨어놓을까?

짧은 시간 쏟아놓은 모든 이야기는 그가 살아온 인생 역경의 세월인지도 모른다. 병원에 도착 했다. 각자 헤어져야 하는데 하고 싶은 말이 많은 듯 했다.

"이제 방사선 치료가 6회만 남았다니 치료 잘 받으세요. 그 어려운 항암치료도 잘 이기셨잖아요? 그리고 자신을 가지세요."라고 힘을 실어 주었다. "나도 20년 전 위 전체를 절제해내는 어려움이 있었어요, 의료 기술도 지금에 비하면 미흡했겠지요!" 희망을 가지라는 뜻이었다. 우리 아버지께서 쓸개 없는 놈 소리는 들었어도 밥통 없이 저게 살 것인가 하시며 방구들이 꺼지도록 통곡하시던 얘기며, 우리 할머니 돌아 가셨을 때 우시던 아버지의 울음, 그때보다 더 큰소리로 통곡하신 울음을 지금 내 기억에서 지울 수가 없다는 얘기도 했다. 희망을 준다고 한 말인데 나도 모르게 흐른 눈물에 소매 끝이 찼다. 등을 어루만지며 힘내라고 응원해 주었다. 힘없이 걸어가는 뒷모습을 물끄러미 바라보았다. 잠깐 내가 갈 곳도 잊은 듯이 서있었다. 발길이 떨어지질 않았다.

정신을 차리고 예약된 진료실로 갔다. 내 진료는 끝났다. 한숨을 돌리고 나니 낯선 그 여인이 생각난다. 혼자 왔는데 방사선 치료실까지 같이 가줄걸. 통성명도 안하고 헤어졌으니 이름이라도 알면 구체적으로 기도해줄걸. 아쉬웠다. 방사선 치료실에 갔으나 이름도 모르고 아무나 들어 갈 수 없는 방사선 구역표시가 있는 곳이었다. 허겁지겁 찾았으나 허사였다.

나도 항암제 치료받을 때 모자를 많이들 사다 주었다. 가발과 모자에 신경을 많이 썼다. 머리가 모두 빠진다는 것은 여자이기를 포기하는 일과 같다고 생각되어졌다. 오죽하면 잘 때도 모자를 안 벗고 잤을까? 그 후 모자 쓴 사람은 다 항암치료 받는 사람으로 보였다. 몇 년은 모자 쓰기를 거부했다.

같은 모자를 어디서 살 수 있을까? 쓰던 모자라도 벗어서 줄걸, 후회가 되었다. 예쁘다고 산 곳과 브랜드도 외우며 갔는데 꼭 사고 싶을 걸 못 산다면 실망하지 않을까? 실망감이 치료에 조금이라도 지장을 주지 않을까 하는 생각에 걱정이 되었다. 막상 낯선 그 여인 걱정을 많이 했으나, 나도 종양 표지 검사 수치가 높아 오늘 재검사를 온 처지였다. 검사결과를 2일 후 보기로 했다. 계속 검사해도 발견 안 되던 수치인데 좀 불안하다. 저녁 식탁에서 오늘 있었던 얘기를 남편이 듣더니 본인도 그런 상황에서 처음 본 사람 걱정을 지나치게 했다고 오히려 나를 안쓰러워했다.

항상 살얼음판에 선 듯 사는 게 우리네 삶이다. 아니 나의 삶이다. 인간에게 건강하고 지혜롭게 살 수 있는 삶은 우리 손에 잡히지 않는 것일까? 병원을 나오며 이런 생각이 들었다. 이 세상에 병이 없어지고 이 어마어마한 인력과 병원 시설을 다른 생산적인 곳에 쓰일 수 있다면 얼마나 좋을까? 엉뚱한 꿈이다!

이름도 성도 모르는 대구가 고향인 70세 된 동생 같은 여인의 쾌유를 빈다.

9남매 중 막내라며, 부모님, 그리고 9남매가 모두 예수님을 믿는다 했다. 큰 축복받은 사람이다. 예수님 주시는 치료의 광선이 그에게 비추기를, 그리고 꼭 완쾌되기를 빈다. 겨울의 막바지를 향하는 2월 7일. 오랜 시간이 흘러도 변치 않을 건강에 관한 생각을 골똘하게 해 본 우울한 하루였다.

(2017. 2. 7)

새해엔

전국이 꽁꽁 얼어붙은 연말연시 풍경이다.

정월 초이틀. 또 눈이 내리더니, 기온이 좀 오를 것이란 예보가 있었다.

오전에 눈이 내렸다. 눈 내리는 날은 거지가 이 잡는 날이라 했는데, 웃통 벗고 이 잡을 정도의 기온은 전혀 아닌 듯하다. 뺨이 시리도록 찬 날이다.

그래도 바람 없음이 다행이다. 추워서 꼼짝 못한다며, 운동도 게을리 하고, 집에서만 맴돌았다. 책상 정리를 한다던 계획도 오후로 미루었다. 오전 내내 한 일없이 분주했다. 점심때가 훨씬 넘었다. 갑자기 허전했다.

어제는 아들 딸네 식구와 왁자지껄 사람 사는 집 같았는데, 설음식이 많은데도 차려먹기가 귀찮았다. 남편과 둘이서 샐러드 바 빕스에서 점심을 먹자며 나섰다. 점심시간을 훨씬 넘긴 오후 3시인데도 법석대는 분위기가 조용히 먹자했던 예상을 깼다. 자리를 하고 토마토 수프와 블로커리 수프를 먹었다. 부드러운 음식을 찾다보니 내겐 딱 좋은 메뉴라 즐기는 편이다. 남편은 오늘도 맘대로 먹을 수 없는 나를 또 측은히 쳐다본다.

동묘역에서 전철을 탔다. 전철 탈일이 없어서 작년에 나온 노인 승차권을 처음 이용한 날이다. 공짜로 타는 기분이 묘하다. 공짜가 좋은 게 아니라, 나이 많음의 의미가 심각해지는 순간이다. 이야기를 나누다 보니 어느 듯 동두천을 지나, 소요산역까지 왔다. 시간을 보니 여기까지 71분이 걸렸다. 물을 것도 없이 사람들의 물결 따라 쫓아가니 소요산 입구였다. 역에서 건널목 한 번 건너가니 소요산 등산로다. 등산로는 이곳 역시 아주 편하게 잘 되어 있었다. 나무숲엔 내린 눈이 그대로 쌓여있었다. 손가락으로 재보니 5cm 정도는 되었다. 등산하기는 늦은 시간이라 하산하는 사람들뿐이었다. 이런 맑은 공기 마심을 상쾌하다 함이 맞을 것이다.

서울을 조금만 벗어나도 이렇게 맑은 공기가 콧속 머릿속 청소를 해 주는 기분이다. 이를 외면하고 서울을 못 벗어나고 복작대고 살았구나! 지난주 결혼기념일에 부산 해운대에서의 바닷바람도 가슴속까지 후련하게 마음을 씻어 주었다. 해운대에선 조용히 지난해를 돌아보면서 반성하는 시간을 가졌다. 오늘은 새해를 설계하는 시간을 갖는 뜻있는 날이다. 겨울 바다도 좋았지만, 겨울 산도 미미한 우리 인간을 이유 없이 포용하기에, 한없이 사랑한다.

자연에 감탄과 감격을 할 수 있게 믿음 주신 하나님께 영광을 돌리고 싶은 순간이다. 남편과 걸으며 아들 딸 식구들, 주위 사랑하는 사람들 얘기도 나누었다. 가끔 시간 내어 이곳에 와 걷자는 약속도 했다.

암자 근처까지 30분 정도 걸었다. 초행길인데다 어두워질까 두려워 되돌아 하산했다.

오는 길은 온통 먹자골목이었다. 수타국수로 만든다는 자장면 간판이 눈에 들어왔다. 늘 먹고 싶어도 참아왔던, 나에겐 금기 식품인 밀가루로 만든 자장면의 유혹을 물리칠 수 없었다. 먹고 응급실에 갈 상황이 벌어져도 먹고 싶었다. 나의 충동을 남편도 말리지는 못했다. 위 전체 절제 수술 후 20년이 되어도 안 받아드리는 것은 밀가루 음식이다. 일시적 충동을 오늘은 막지를 못했다. 점심 먹은 지도 얼마 안 되었고, 저녁이름을 때우려는 뜻도 있었다. 되도록 부엌에서 손에 물 인 대게 하려는 남편의 배려는 늘 나에게 점수를 딸 수 있는 절호의 기회다. 서로 맛있다며 정말 오랜만에 자장면을 먹었다. 감개무량할 정도의 기분이었다. 먹고 싶은 것을 못 먹는 불편함도 있지만 그것을 참아야하는 스트레스도 항상 받아야한다.

등산을 마치고 집으로 향하는 사람들의 표정은 하나 같이 밝았다. 느긋하며 여유가 묻어나는 사람들 속에 우리도 함께 있었다. 우리도 주위에 모든 사람들도 늘 여유 있는 삶이되기를 빌어본다.

경인년에 거는 기대! 호랑이같이 용맹스럽고 활기찬 기운이 대한민국에 가득하기를 빌어본다. 경인년 만세! 모두모두 파이팅!

조용하리만치 편안한 전철 안이다. 새해에 비는 마음의 기도를 드렸다. 꽁꽁 언 땅에도 곧 봄소식이 오리라. 온 세계에 온화한 정세를, 그리고 온 세계인의 안녕을 빈다. 새해에 먹는 것 구애 받지 않는 건강 주셨으면 하던 나의 소망은 물거품이 되었다. 집에 도착 전, 전철역에서 급히 화장실을 찾는 상황이 벌어지고 말았다. 남편의, 그리고 나의 예상은 적중(?)했다. 실망과 허탈감 자체였다. 그래도 새해에 주실 살맛나는 세상 주실 것을 소망한다. 겸허한 자세로.

(2015. 2. 20.)

개미집

청계천 고가 다리 밑에 냉면그릇 엎어놓은 것 같은 모양의 개미집을 산책 중 발견했다. 처음엔 조그만 구멍 하나에 개미 몇 마리가 들락거렸다. 재미있어서 관찰하기로 했다. 며칠 후였다. 그 위에 2층으로 또 한 줄 울타리처럼 둥근 층이 올려 있었다. 또다시 찾았을 때는 2주 정도 지났을 때다. 개미집이 3층 집이 되어 있었다. 들락거리는 개미수도 많이 늘었다. 그야말로 호떡집에 불난 듯이 분주히 오가는 행렬 속에 개미수가 셀 수조차 없게 많아졌다. 이를테면 인부를 사서 같이 공사를 하는 듯 했다. 그 작은 개미가 3층 집을 짓다니 놀랍다. 그도 매끈하게 흙손으로 손질한 듯 반

질반질했다. 이러다가는 몇 층짜리 빌딩도 짓겠구나 하는 생각이 들었다. 다음에 오면 얼마나 높은 성을 쌓아 놓았을까 하는 생각이 들었다.

어젯밤 세찬 장대비에 걱정이 되었다. 궁금한 마음에 달리다 시피 개미집 앞에 당도했다. 어쩌나! 폭우속의 개미집은 다 쓸려나가 흔적도 없었다. 아마 장마 예보를 알고, 많은 개미들이 공사를 당기려고 일했구나 하는 생각도 들었다.

20년 전 일이 떠올랐다. 안양 사시던 대고모 할머니 댁이 늦은 장마로 수해를 당했다. 집이 송두리째 쓸려간 자리에 간적이 있다. 불 난 자리는 재라도 남지만, 물난리 지난 곳은 흔적도 못 찾는다는 어른들의 옛 말씀 그대로였다.

그때 망연자실하시던 백발의 대고모님, 경황 중에도 중풍으로 몸도 못 가누시던 대고모 할아버지를 구했음만 가족들이 다행이라 여기셨던 일. 지금도 어제 일같이 생생하다. 그렇게 살피던 개미집. 아니 개미성이라고 해도 좋을 것 같던 성이 흔적도 없이 사라진 게 아닌가! 바보 같은 것들, 하늘을 가린 교각 밑에 자리를 잡았어야지, 비가 직접 들이치는 허공이 올려다 보이는 곳에 지었으니. 바닷물이 넘치는 해일 때에도 개미가 징조를 알고 집을 미리 옮긴다고 들었는데, 맞지 않는 말인가!

흔적도 없이 사라짐을 '개미 성 무너지듯 하다'라는 말이 실감났다.

아니다. 공연한 걱정을 했나? 미리 대피하여 이사를 했으리라 생각하고 싶었다.

사람과 다른 점이 있을까? 이렇게 허무하다니, 의지할 곳도 없이 떠내려갔을 개미떼의 아우성을 보는 듯 했다. 개미도 이산가족이 되었겠다. 어떤 수습을 했을까? 감쪽같이 폭우에 대비했는지도 모를 일이다. 이렇게 했던 상상과 걱정이 공연한 것이었기를 빈다.

요즘 포항의 지진으로 인해 얼마나 많은 사람들이 두려워하고 있나! 지진이 두려운 우리 인간들의 삶과 크게 다를 바가 없어 보이는 개미의 세계. 성을 어디로 옮겼을까? 이사하며 훼손되었을 성을 다시 쌓고 있을까? 부지런히 모래를 나르던 개미들의 행렬이 눈에 선하다. 급히 이사할 상황일 때 얼마나 달렸을까? 다리에 불이 나도록 달렸을 개미들이 눈에 보이는 듯하다.

곡식들을 거두어들인 들판처럼 쓸쓸한 개미성이 있던 곳, 어디 멀리로 이사를 잘했는지, 더 이상 개미집은 눈에 띄지 않았다. 이러나저러나 인간 스타일의 상상은 그만하자. 새삼 책에서만 읽은 개미들의 부지런함을 가까이서 배운 기회였다. (2017. 8.)

이사

이사를 했다. 살던 집을 떠남은 대운(大運)이 움직이는 중요한 일이란 조심스런 마음이 늘 있었다. 옛날부터 이사를 큰 일로 여겼기에, 3년간을 조심스럽게 지켜보라 하지 않았는가. 하나님을 믿으니 쉽게 하는 것이지 옛날에는 쉽게 하지 않던 일이 이사다. 새것이란 새 경험, 첫 번째 것이라 의미가 있으나 이사만 그런 것이 아니다.

입주 시기를 정해 놓고 몇 달 전부터 버릴 것 버리고, 필요에 따라 보낼 것 보내고 분주한 날들을 보냈다. 아까운 것도 많았고 덮어 두었던 것들 중 미련이 가는 물건들도 많았다. 버리지 못하는 것은 엄마를 꼭 빼닮았다. 아버지는

쉽게 버리셨는데. 60세를 넘으면 서서히 주변 정리를 해야 한다는 말을 많이 들어왔던 터다.

우편물 중에 한 달이면 책이 20여 권씩 온다. 다 읽지는 못하고 나름대로 정리는 하지만 방마다 책꽂이가 넘친다. 안 읽어서 너무 아까운 것을 시간 내가며 읽으려고 노력을 한다. 가방에도 넣고 다니고, 차에도 두고, 하지만 많이 읽어지지 않아 유감이다. 누구도 일상에서 자유로울 수는 없나보다.

아들이 중학교 1학년, 딸이 초등학교 5학년 때 이사한 집에서 32년을 살았다. 그래도 덧없이 지나간 세월이라기보다 나름대로 뜻있는 시간들이었다. 이 구석 저 구석에 처박혀 있던 물건들이 제각기 역사를 말하듯 얼굴을 내밀었다. 살림을 못 하는 것이 만천하에 드러난 듯 부끄러웠다. 어마어마한 분량의 이삿짐이 쏟아져 나왔다. 14.5톤이라는 이삿짐 센터의 말에 정말 놀랐다. 이 짐을 어떻게 끌고 가 정리를 한담. 산을 옮기는 것이 낫지 않을까 하는 생각도 들었다. 이런 생각과 일들이 평소에 체중을 1kg이라도 늘리려고 노력한 보람도 없이 아까운 체중 3kg을 앗아갔다. 늙어선 이사를 안 하는 것이란 말! 이사가 왜? 반문하곤 했었는데, 호된 경험을 했다. 죽을 수(壽)에 하는 것이 이사라는 말에 고개가 끄덕여졌다.

오랫동안 살던 아파트는 옛날 옹주의 궁을 유 씨란 부자가 사서 살던 집터였다. 약간 경사진 정남향에 자리한 편안한 곳이었다. 이웃과도 친히 지냈기에 떠나기 아쉬운 곳이다. 넓은 평수에서 쾌적하게 살았다. 이 집에서 오래 살게 된 것은 내 꿈이 일조를 한 셈이다. 그 집에 이사하는 날, 안방 화장실 입구 기둥 밑에서 맑은 샘물이 계속 솟았다. 바가지로 퍼서 드럼통에 담고 담아도 넘쳤다. 물로 가득한 드럼통이 방안에 그득했다. 계속 맑은 물을 퍼 담으며 '엄마 드럼통을 더 가져다주세요.'라고 소리치면서 깬 꿈이었다. 남편은 당신 아내의 꿈 때문에 이 집을 보존해야한다고 고집했다.

그 후 좋은 일이 많았다는 것이 좋은 꿈이었음을 증명했다. 그 집에서 재산도 불었고, 아들딸 결혼 시키고, 남편도 박사, 아들도 박사, 딸이 석사학위 후 중등교사 임용교시에 합격했으니 말이다.

그러나 여기저기 새 아파트들이 생기는 세태인데다, 늘 몸이 안 좋으니 환경을 바꿔보라는 말도 있고, 내 생각도 그랬다. 새 아파트를 다녀보았지만, 우리 아파트같이 마음에 드는 곳이 없었다. 포기하기를 여러 차례, 지금에 이르렀다. 동네를 보고 견본주택을 살피고, 교회가 멀지 않아야 하는 조건으로 고르다가 지금 이사한 왕십리 뉴타운에 오게 되었다. 견본 주택도 마음에 들었다. 원하는 평수에 남향에 자리한 집터였다. 운동시설도 있어서 내 체력에 맞게 골라 할 수 있는 것도 마음에 들었다.

큰 나무들도 잘 가꾸어졌다. 5층 창문에서 손을 뻗으면 잡힐 듯한 소나무들. 그 밑에 실개천이 흘러 물고기들이 노니는 연못에 이르는 물소리도 정겨운 우리들의 친구다. 나무 높이가 17미터, 밑 둥 둘레가 425센티미터나 되는 400년 이상 된 1982년에 보호수로 지정된 은행나무도 마을 한 가운데에서 굳세게 뿌리박고 있다. 이를 보존하게 한 일은 다행이고 관할 구청이 관리를 한다니 잘 한 일인 것 같다. 동네 교회에서 새벽기도를 마치면 발걸음이 나도 모르게 은행나무로 향한다. 남쪽으로 보이는 초등학교가 있어 기를 받는 듯한 기분이 든다. 학생들이 많지 않은데다 교실 창문이 반대쪽을 향해서인지 조용하고 수업 종소리만 들릴 뿐이다.

204세대뿐인 아파트에 살다가 여기는 우리 단지만도 1700세대가 넘는다. 1,2,3단지 합친 세대는 5300세대가 넘는 대단지이다. 집도 넉넉한 공간에 적절히 배치된 구조는 어릴 적 살던 집을 떠오르게 한다. 처음 이사해서 제일 놀란 일은 새 집을 기둥만 남기고 다 뜯어고치는 이웃들이었다. 리모델링이란 이름으로 아까운 것을 대리석 등으로 교체하는 일들. 너무 아깝다는 생각과 이래도 되나하는 생각이 들어서 괴로웠다. 사실 구경하는 집을 가보고 손 안댄 우리 집을 보면 맨숭맨숭 했다. 우리도 부분별로 리모델링을 한다고 견적을 받아 놓은 상태였다.

딸이 그 말을 듣더니,

"엄마, 네팔 지진 난지 얼마나 되었어요. 엄마가 한다고 해도 다 하나님 돈이예요."

아차! 그래 난 뒤통수를 망치로 맞은 듯 정신이 번쩍 났다. "그래 엄마가 너무 부끄럽구나." 나에게도 속물근성이 있음을 딸에게 들키고 말았다.

일류 건설사에서 이렇게 잘 지은 집에 손을 대다니. 딸이 나를 깨우쳐 주었고 남들이 하는 일에 속상해 하면서 그 부류에 들지 않게 일깨워 준 딸이 고마웠다. 나이가 들면 자식이 부모의 스승이라는 말이 맞는 듯하다. 이런 경우를 가끔 경험했다. 딸 덕분에 리모델링엔 손도 안 대고 우리는 오히려 남들이 뜯어버린 수납장을 주워 와서 잘 쓰고 있다. 주워온 수납장은 냉장고 옆 세로 수납장인데, 드레스 룸 한 옆에 세우고, 간간이 보사를 넣으니 기가 막히게 유용한 수납장이 되었다.

많은 세대가 이사하는 과정에서 주변의 지저분한 일 등 부작용도 많았다. 아파트에 처음 사는 사람들이 많으리라는 생각도 든다. 쓰레기 재활용 처리과정에서 시행착오도 많이 겪었다. 그러나 입주 이사가 거의 마무리 되는 단계에서 주변 정리가 많이 돼가고 있다. 모든 이들에게 솔직한 얘기가 있다. 마치 마술이라고 해야 하나? 층간 소음이 없음은 정말 최상의 아파트가 아닌가? 한 건설사의 정성과 기술이 오롯이 느껴진다. 이런 노하우는 매우 유용한 자원이 될 것 같다.

많은 사람들이 찾아와 이사를 축하해 주었다. 새집에서 생일도 맞았고, 첫 수필집 『비취반지』도 출간했고, 아들의 주관으로 뜻있는 출판기념회도 친척들과 성대히 가졌다. 좋은 환경, 좋은 이웃들. 점차 마음 붙일 일이 많이 생겨서 마음이 평안하다.

"주께 비노니. 이 집에서도 좋은 일들이 많기를. 그리고 삶의 지혜와 건강을 허락해 주옵소서."

이 가을 새 집에서의 꿈이 익어가고 있다.

(2015. 10.)

대추나무

30년 전, 동대문 묘목시장서 남편에게 선택받은 대추나무는 의정부의 조그만 배 과수원에 심겨졌다. 배 과수원을 가지고 있을 때다. 몇 년 후 뿌리내려 열매 맺으려할 때 구리시 천마밭둑으로 옮겨졌다. 천마밭을 가지고 있을 때다. 다시 몇 년 후 신설동 주인집 건물 마당에 뿌리를 편안히 내릴 수 있는 좋은 조건을 만났다. 우리는 세 번씩이나 옮긴 과정을 대추나무의 운명이라고 했다. 여러 해를 거치며 수난의 시기를 거쳤다. 끈질기게 대추나무를 챙기던 남편은 노인이 되었다. 초등학교 때 남편의 별명이 대추 방망이였다. 작고 단단하다는 뜻이다. 옮기기를 세 번씩이나 했던 대추나무도 이젠 성목(成木)이, 아니 거목이 되었다. 몇 해째 다닥다닥 열매를 맺는다. 대추 맛도 뛰어나다. 올해는 가뭄으로 대추 수확이 많이 줄었다. 지난해 수확이 어제 같은데, 또 익어가는 대추나무 열매. 또 가을이다.

대추를 보면 증조할아버지 생각이 난다. 결혼식 폐백 때마다 대추를 한주먹 가득 담아 새색시 치마폭에 던지시며, 덕담을 하셨다. "아들딸 많이 낳아 잘 길러라!" 밤도 함께 던지셨다. 왜 하필 대추며 밤인가 하고 궁금해 하는 나에게 엄마가 일러 주셨다. 대추는 열매를 안 맺는 일이 없어서이고, 밤의 단단함은 신랑 색시의 사랑이 변치 말라는 뜻이라 하셨다.

"대추보고 안 먹으면 늙는다."는 말은 대추의 탁월한 약효 성분을 놓고 전해져 오는 듯하다. 한약재에 꼭 대추 세 개와 생강 세 쪽이 처방 아닌가? 그 의미를 알 것 같다. 그 달콤한 당도도 타의 추종을 불허 한다지 않았나?

주위에서 덜 익은 열매를 마구 따간다. 휀스도 철책도 무용지물이다. 익도록 기다리면 얼마나 좋을까? 덜 익은 비릿한 맛과 익은 후 단맛의 차이는 확연하지 않나? 맛이야 어떻든 따고 보자는 인근 사람들은 어쩔 도리가 없음이 안타깝다.

남들이 다 따가기 전에 우리도 일찍 따기로 했다. 수확을 마쳤다. 친척과 지인들과 나누고 일부는 말렸다. 나무가 커서 장대로 따니, 남겨진 대추가 여기저기 고개를 내민다.

30년을 지켜온 주인은 수확 후에도 매일 대추나무 아래에 선다. 사다리 놓고 남은 대추를 한 주먹씩 따서 주머니에 넣고, 부지런히 달려오는 모습이 보이는 듯하다. 어린아이처럼 상기된 얼굴로 대추를 씻는다. 바로 딴 대추를 아삭 깨무는 맛이 최고란다.

제일 잘 익고 흠 없고 예쁜 대추는 당신이 먹어야 된다고 내입에 넣어준다. 꿀맛도 이 대주 맛을 따를까? 맛있는 대추다. 기막힌 빨간 물대추의 맛. 아삭 대추를 깨무는 순간 자식들 얼굴이 떠오른다.

30년을 지켜온 두 그루 대추나무의 운명은 남편과 함께했다.

"대추 따는 재미에, 그 맛에 꽂인 당신은 오래오래 살아야 되겠다."라고 내가 말했다. 환한 미소가 답으로 왔다. 대추 방망이가 별명이었던 초등학생이던 남편은, 대추나무 집 할아버지가 되도록 긴 세월이 흘렀다.

(2017.10.)

상은 역시 좋아

남편의 수필가 등단은 우연한 기회였다. 기행 수필집 등 여러 권의 책을 낸 것을 인정받아 수필가로 등단한지 몇 해가 되었다. 그리고 얼마 만에 시인으로 등단, 신인상을 받는 날이다. 축하를 맘껏 해주리라 다짐했다. 꽃다발도 푸짐하게 준비했다.

오후 2시, 시상식장은 하필이면 대한문 근처였다. 가는 길이 복잡한 날이다. 박근혜 대통령 탄핵반대 시위로 태극기 집회가 열릴 예정인 곳에 많은 인파를 뚫고 식장에 도착, 안도의 숨을 쉬었다. 시위 시작 한 시간 전인데 서울시민이 다 쏟아져 나온 듯 인파가 몰려들었다. 태극기의 물결, 확성기의 소음 등으로 요란하다. 광화문 쪽에서는 태극기 시위와 맞서는 촛불 집회가 열리고 있다. 이 나라가 어디로 치닫는 형국인가? 대한민국의 앞날이 심히 염려되는 상황이다. 마른 행주 짜듯이 세금을 거두어 드린다는 말이 있다. 요즘 시국엔 온 국민이 지혜를 마른 행주 짜듯 최대한 모아서 나라를 살려야 될 때가 아닌가? 평온한 나라에서 살고 싶은 시민의 바람이 짓밟히는 현장에 선 기분을 면치 못한다. 짜증으로 변할 것 같은 마음을 진정하기 어려웠고, 피가 끓어오르는 것 같은 분노까지도 느꼈다. 올 때의 복잡하고 착잡한 마음을 서서히 접고, 시상식 분위기에 편승하기로 하니 마음이 차분해지고 거리의 소음도 차단된 강당은 조용하기만 했다.

문인협회 회장을 비롯하여 문인들과 관계있는 축하객들이 모인 식장이다. 손에 꽃다발을 들고 모이는 풍경이 대한문 앞 살벌한 현장과 상반되는, 마음이 가라앉는 듯 고요해졌다. 올 때의 거리와는 구별된 분위기다. 글 쓰는 사람들의 가라앉힌 마음처럼 안정되고 조용한 분위기가 될 무렵 시상식의 막이 올랐다. 축사 등 순서에 따라 남편의 신인상 받는 순서가 되었다. 꽃다발을 가슴에 안은 시인의 얼굴엔 환한 미소가 소년 같이 빛났다.

몇 해 전, 수필가 시상 때는 하도 말려서 가족 하객 없이 쓸쓸한 수상을 했었다. 어떤 수상자는 미국 사는 아들 가족이 총출동, 수상을 위해 귀국했단다.

진심은 아니었다. 다만 늘 아픈 아내가 힘들까봐 배려한 말인데, 나의 센스부족으로 범한 실수였다. 어떤 수상자가 가족이 안온 것을 알고 꽃다발을 주며 사진을 찍어 주더란다. 어찌나 미안하던지. 남편도 후회하는 마음을 실토했다. 그날도 지난 수상식 때 서운함을 상쇄하려는 마음으로 아들딸과 함께 가려 했는데 바쁜 애들 고생시키지 말라 극구 반대하여 나 혼자 참석했다. 하객이야 혼자였지만 시인의 가슴엔 포부가 당당한 표정이었다. 초보시인의 가슴엔 늘 촉촉한 감성이 살아 흐르는 사랑의 샘물처럼, 글을 쓰고 아름다운 시를 읊으며 여생을 보내길 기원한다.

애숭이 시인은 수상소감에서 국문학을 전공했지만, 글을 쓴다는 것이 얼마나 어려운지 이 길을 택한 것이 운명이라고까지 말했고, 비록 풋내기지만 선배 문인들께서 이끌어 주실 것을 믿으며 열심히 노력하겠다는 소회를 밝혔다.

(2017. 11.)

4

친구의 마음

보따리 여러 개가 트렁크 가득이다. 곱게 빻은 고춧가루
부드러운 촉감만큼이나 따뜻한 친구의 정을 느꼈다. 옛날 할머니가
싸주시고, 친정 엄마가, 외숙모님이, 시어머님이 싸주셨던 보따리
생각들이 기억 속에 살아나고 있다. 보따리가 어찌 많았던지
그날의 주인공격인 달랑 무김치를 빠뜨리고 왔다.

링거 맞는 은행나무

우리 아파트 단지에 아주 오래된 은행나무가 있다. 아파트 단지를 재개발 할 때 이 나무를 보존한 게 아주 잘한 일이라 여겨진다. 시간만 나면 은행나무 아래에 가서 몇 바퀴 돌며 기를 받아야지 하는 생각이 든다. 이런 고령의 나무를 우리가 가지고 관리함이 자랑스럽다.

지난해에는 주민 축제로 '은행나무 축제'라 칭하고 주민들이 모여 쪽지에 마음의 소원을 써서 나무 밑에 매어 놓은 줄에 걸어놓는 행사를 가졌었다.

입주 후 처음 가진 주민 친목 행사라 했다. 아이들이 재미있어 했던 뜻 있는 행사였다. 어디를 가나 새싹, 즉 아이들이 많은 곳이 특히 활기 넘치는 곳이 아닌가!

열매가 안 열리는 은행 나무라했다. 이 7동네 토박이 86세 할머니의 말씀이다.

암컷 나무가 아닌 셈이다. 그래서 심한 가뭄에도 씩씩하게 버티고 지탱하는지도 모르겠다. 남성상을 보여주듯 우뚝 선 모습이 거대한 장군 같기도 하고, 주민들에게 안식처를 제공하고 마음을 치유하는 차원의 나무인 것 같다.

서있는 자리도 명당이다. 적당한 높이의 땅, 평지에 자리하고 있다. 그늘엔 운동 기구도 있고 어린이 놀이터도 있다. 아이들이 놀며 나무의 웅장함에서 넓은 마음을 가지고 자랄 것 같다, 그래서 고마운 나무라는 생각이 든다. 이번 여름 심한 가뭄 때 은행나무도 극심한 수분고갈 상태였는지 링거주사를 맞고 있었다. 주사는 잘 들어가고 있는지? 그 후 달라진 점은 있는지? 자주 가서 살피며 신경이 쓰였다. 영양을 잘 받아 늘 푸름을 자랑하고 가을엔 풍성한 노란 단풍으로 빛나기를 빌어본다.

뿌리 부분에는 커다란 웅덩이가 파져 있다. 빗물이 고이게 하려는 방법일 것이다. 그리고 땅 속에 묻힌 넓은 원통의 파이프는 때에 따라 물을 공급해주는 관으로 보인다. 성동구청에서 이 은행나무 관리에 많은 신경을 씀에 감사한다.

오래된 나무 원 기둥엔 시멘트로 땜질한 흔적이 마음을 아프게 한다. 높은 가지엔 가지끼리 서로 의지하도록 철근 굵기의 철사로 매어놓았다.

사람도 늙으면 병들고, 고치며 사는 이치와 다를 바가 없다. 서로 의지하며 살아가는 사람의 삶과 무엇이 다르랴!

그래도 굳이 다르다면 나무이기에 이렇게 400년이나 동네를 지킬 수 있는 게 아닌지? 400년, 아주 긴 세월이지만 순간일 수도 있겠다.

이번 여름 피서지에서 용문산 용문사에 있는 은행나무를 다시 보고 왔다. 수령에서부터 우리 동네 은행나무와는 비교가 안 되는 웅장한 나무다. 수령 1100년. 천연 기념물 제30호로 정해진 은행나무다. 동양 최대의 용문사 은행나무에 얽힌 얘기다. 신라의 마지막 왕인 경순왕의 장자 마의태자가 나라 잃은 설움을 안고, 금강산으로 가다가 심었다고도 전해지고, 신라의 고승 의상대사가 짚고 다니던 지팡이를 꽂았더니 이지팡이가 뿌리를 내려 성장 한 것이라는 설도 전해진다. 이 은행나무는 오랜 세월 전란 속에서도 불타지 않고 살아남은 나무라하여 천왕목이라고도 불렸고, 조선 세종 때 정3품 이상 해당하는 벼슬인 단상 직첩을 하사받았다. 정미년 의병이 일어났을 때 일본군이 절을 불 태웠으나 이 나무만 화를 면했으며, 이 나무를 어떤 사람이 자르려 톱을 대는 순간 피가 쏟아지고, 하늘에서 천둥이 요란했고, 나라에 변고가 있을 때에는 이 나무가 소리를 내어 그것을 알렸으며, 조선 고종이 세상을 떠났을 때 큰 가지 하나가 부러졌다고 한다. 가까이 가보니 은행이 가지가 쳐질 정도로 많이 달려있었다. 1100년이나 된 은행나무에 이렇게 많은 열매가 맺히다니, 그것도 매년 여덟 가마니씩이나 열매를 수확한다는 말에 깜짝 놀랐다. 사람으로 치면 몇 세까지 자손을 번성시킨다는 말일까? 답이 나오질 않는 일이다.

아무튼 용문사의 1100년 된 은행나무는 그 고을은 물론 우리나라를 지키는 나무이고, 우리 단지의 은행나무는 400년의 고령을 자랑삼아 주민들을 잘 지키는 모두의 기를 살리는 건강한 나무이기를 빌어본다.

우리 마을 은행나무 옆에 이런 표지판이 서있다.

(2017. 8.)

*보호수 :

고유번호 : 서 4-4

수종: 은행나무

지정일자: 1982 10 30

수령: 400년 (지정일 기준)

수고: 17미터

나무둘레: 425센티미터

소재지: 성동구 왕십리동 72외 2필지

관리자: 성동구

평창 2박 3일

겨울로 가는 길목에 선 듯 아침 공기가 제법 쌀쌀했다.

평창으로 2박 3일, 대학 동창 일곱 명이 여행을 떠나는 날이다.

버스터미널에서부터 왁자지껄 소란하다. 한 친구가 출발하는 곳을 착각해 허둥댔다. 들뜬 기분을 가라앉히고 조용히 가야했다. 우리가 탄 버스에는 다른 승객들도 타고 있어서다.

우리는 버스에서 내려 시장기를 채우기 위해 보쌈정식으로 점심을 먹고 택시로 용평콘도에 도착해서 여장을 풀었다.

가까운 마트에서 간식거리를 잔뜩 샀다. 방에 들어서자마자 떠드는 소리가 방안 가득하다. 매달 만나 점심 먹는 친구들인데 가끔 여행도 하고, 고궁도 찾고, 친구 집에 가기도 한다. 이번엔 캐나다에서 오랜만에 온 친구가 동행해서 더욱 반갑고, 이야기 거리가 풍부했다. 밤이 깊도록 이야기는 그칠 줄을 모른다. 대학 때 기숙사에서 같이 생활하던 친구들이기에 더욱 끈끈한 정이 흐르는 친구들이다.

언제나 잠을 못 자는 내가 침대 방을 독차지했다. 친구들의 배려다.

남은 여섯 친구들이 다른 방과 거실에 나뉘어 자는데, 코 고는 소리에 최적의 환경에서도 잠 못 이루는 나였다. 다음날 아침, 9인승 승합차를 대절하여 몇 군데 관광하기로 했다.

평창 올림픽 경기장을 둘러보았다. 한창 피치를 올리며 마무리 공사 중이었다. 2018년에 치를 동계올림픽이 성공적으로 이루어지기를 비는 마음이었다. 첩첩산중, 가는 곳마다 잘 포장된 도로는 산속이라기보다는 그 자체가 구경거리였다.

다음 들린 곳은 강릉 경포호 근처 허난설헌 생가였다. 허균 생가라 해도 좋을 것 같은데 허난설헌 생가였다. 그 맞은편에 허균 허난설헌 기념관이 자리하고 있었다. 앞에 허난설헌 동상이 먼저다. 기념관 전시물보다 더 눈에 들어오는 손 글 솜씨, 그리고 햇살이 너무 좋아서 누가 살았던 집이든 생가라는 느낌은 들지 않았다. 허균 선생님 영정도 사진에 담았다.

허난설헌은 1563년 강릉 초당생가에서 초당 허엽의 삼남 삼녀 중 셋째 딸로 태어났다. 허난설헌의 이름은 허초희. 난설헌은 초희의 호이며 난초의 청순함과 눈의 깨끗한 이미지를 따서 난설헌이라 지은 것이라 한다. 허난설헌은 8세 때인 1570년 『광한전백옥루상량문』을 지었으며, 후에 주옥같은 시 '213'수를 남겼다.

허난설헌은 15세 때인 1577년에 서당 김성립과 결혼하였다. 그리고 1589년 27세의 젊은 나이에 이승을 떠났다. 남동생 허균은 집안에 흩어져있던 허난설헌의 시를 모으고 자신이 암기하고 있던 시를 모아서 『난설헌집』을 간행하였다. 여기에는 『광한전백옥루상량문(廣寒殿白玉樓上梁文)』이 실려 있고 명나라 사신 주지번과 양유년의 서문이 책머리에 실려 있다. 『난설헌집』은 1692년 동래부에서 다시 발간했다고 한다. 해설사의 설명이다.

초당두부 집에서의 점심도 모두 만족했다. 초당두부의 역사적 유래는 『홍길동전』을 지은 허균과 허난설헌의 아버지인 허엽이 강릉 부사로 부임 후, 처음 소금으로 하던 방식에서 바닷물을 이용하여 최초로 두부를 만들었다고 전하듯,

역사와 전통이 있는 옛 방식 그대로 두부를 직접 만든다. 서울에서도 늘 대하는 초당두부를 강릉서 먹는 맛은 설명을 들어서인지 부드럽고 고소함이 더했다. 강릉경포대 근처 찻집에 들러 커피로 피곤을 풀며, 서울을 떠난 홀가분함에 한껏 여유가 있는 표정들이었다.

귀경하는 날 주문진 횟집에 가서 푸짐한 메뉴의 점심을 즐겼다. 아주 좋았다.

서울 도착은 어둑어둑 어둠이 깔리려는 저녁 시간이었다. 서늘한 바람이 살랑거렸다.

캐나다에서 온 친구는 언제 다시 만날지 모른다. 아쉬움에 또 터미널 근처 식당에 들려 간단한 메뉴로 저녁을 같이 들었다.

긴 인사를 나누며 헤어졌다. 다음 우리들의 여행은 언제일지? 피곤을 안고 들어선 곳은 남편이 목 빼고 기다리던 나의 스위트홈이다.

(2017. 12. 24.)

친구의 마음

봄꽃놀이 못지않게 가을 단풍놀이 떠나는 사람들도 많다. 가을이 오면 여자는 혼자 어디론가 떠나고 싶어 하고, 남자는 누가 곁에 있어주길 원한다는 글을 읽은 적이 있다.

남편이 4박 5일 일정으로 외국여행길에 올랐다. 이것저것 가방을 챙기는 순간 나도 어디 가까운 곳으로 떠나고 싶은 충동을 느꼈다. 10월에 강화도와 단양 팔경을 다녀 온지 며칠 안 됨을 감안하면 충동으로 끝낼 일이다. 하지만 항상 떠나겠노라고 다짐해도 늘 꿈꾸다 마는 일상의 희망 사항일 뿐 제자리를 맴도는 것이 바로 나였다.

올해도 고춧가루 열 근을 손질 해 놓았다며, 못 오면 부쳐 주겠노라 했다.

친구 내외가 같이 손질한 것을 알기에, 그냥 앉아서 받기는 송구스런 마음이었다. 전화 통화만으로는 늘 서로가 감질 나는, 마음이 통하는 친구라 늘 보고 싶던 차였다.

일찍 인천공항 다녀온 차로 여유만만하게 도고 친구 집으로 향했다.

순식간의 결정이다. 선물도 가는 길에 준비했다. 출근시간을 피했다 생각했는데 시내가 막혔다. 경부고속도로, 의왕시, 평택을 거쳐 아산만을 지나, 도고온천 친구 집에 이르렀다. 고향 평택을 지나며, 선산도, 생가가 있던 근처도, 외갓집도 지나쳤다. 마음은 천 갈래 만 갈래다. 모두 들리고 싶은 마음을 다음으로 미루었다. 휴게소도 안 들리고 천안부터 논스톱으로 달렸다.

지난달엔 고개 숙인 누런 벼를 보았

는데 어느덧 추수를 끝냈다. 그 자리엔 하얀 볏짚 뭉치들이 넓은 평택평야에 자리 잡고 있었다. 점점 늘어 가는 늦가을의 새로운 풍경이다. 기계로 똑같이 포장된 볏짚 뭉치들은 가축 먹이로도 팔려 나가는 아주 짭짤한 농가의 수입원이란다. 기분 좋은 일이다.

2시간 20분 만에 도착한 시간은 12시 20분이었다.

새로 지은 지 몇 년 안 된 언덕 위의 하얀 집. 동화 속에 나오는 집 같이 정겹다. 앞이 탁 트여 거실에서 멀리 들판이 보임도 자랑거리다. 돌 틈까지 비집고 피어나는 꽃들도 감탄을 자아내기에 손색이 없다. 가까이는 몇 년 전만해도 도고온천 기차역이었다. 그 자리에 지금은 레일바이크가 들어서 사람들을 불러 모으는 중이란다. 경찰 지구대가 바로 옆이라 문도 열어 놓고 산다는 자랑도 했었다. 찻소리를 듣고 친구 남편이 내려와 반긴다. 동행한 내 동생도 친구와는 구면이다. 친구네 차도 우리 차 주차를 위해 이웃에 옮겨놓는 준비까지 했다.

점심은 수덕사 근처에서 먹자고 내가 제안했다. 김치 담는 마무리가 한창이다. 어제까지도 간다는 연락을 안했다. 아침에 전화 받고 급히 텃밭에서 달랑 무를 뽑고, 동네 친구를 동원해서 달랑 무김치를 시작했단다. 정겨운 시골이기에 있을 수 있는 풍경이리라. 우리에게 해주고 싶은 마음 잘 안다. 무엇이든 해주고 싶어 하는 친구를 사랑한다. 정성들여 준비해 놓은 보따리들이 여기저기 우리를 기다리고 있었다.

점심을 위해 30분 달려 수덕사 앞 여러 번 들렀던 한정식 집을 안내받았다. 산채나물들, 더덕구이, 우렁무침, 된장찌개, 홍어찜 등 푸짐한 차림이었다.

식후 덕숭산 수덕사를 관광했다. 관광버스도 여러 대 보였다. 많은 사람이 몰렸는데 단풍이 아직 절정은 아니었다. 미술관도 있었다. 화가 고암 이응로 화백의 작품이 전시되어 있었고, 이 화백이 한때 작품 활동을 했던 곳으로 그 역사성을 기념하여 표석을 세운 곳도 구경했다. 한때 이 화백 등 예술가들이 투숙했다던 수덕여관이 있고, 지금은 옛 모습 그대로 보존한 채 수덕여관이란 간판이 걸려있다. 대웅전까지는 정문에서 10분 걷는 거리였다. 다른 사찰의 대웅전과 다른 점은 단청 칠이 전혀 안된 나무색 그대로였다. 특이하다는 생각이 들었다.

친구 남편 이야기로는 나무의 천연색이 좋은데 왜 울긋불긋 단청을 칠하느냐고 했다. 짐작은 가나 진실이 궁금하다.

덕숭산에서의 산책 코스가 제격이다. 몇 번을 와본 곳인데도 수덕사가 덕숭산에 있음을 기억해 내지 못했다.

친구 가족은 지난주에도 왔었다고 한다. 문화재와 가까이 하는 환경이 부럽기도 했다. 지난봄에 들러서 해미성과 겹살구꽃이 흐드러지게 핀 아름다운 개심사라는 사찰의 경치에 감탄한 적이 있다. 교황이 오신다 하여 미리 가 보았던 곳이다. 지난겨울엔 남편과 와서 하루 밤을 묵고 갈 정도로 절친한 친구다.

이 친구의 2남 2녀들은 모두 효성이 지극하다. 계절 따라 부모를 모시고, 가족여행을 한다. 각자 공무원, 사장, 학원 원장의 자리에서 맡은 바 임무에 충실하기에 친구가 늘 자랑한다. 가족의 역사가 거실 한쪽 벽에 사진으로 장식되어 있다. 친구의 자녀들은 자기 엄마를 꼭 빼 닮았을 뿐이다. 지금까지 연로하신 친정어머니를 정성껏 모시는 친구에게 머리가 숙여진다. 친구 아들딸에게서 보고 닮는다는 진리를 다시 알았다. 친구는 만나면 헤어짐을 안타까워한다. 나도 마찬가지 마음이다. 오늘도 자고 가라고 붙드는 친구에게 다음을 약속하고 서울로 향했다.

보따리 여러 개가 트렁크 가득이다. 곱게 빻은 고춧가루 부드러운 촉감만큼이나 따뜻한 친구의 정을 느꼈다. 옛날 할머니가 싸주시고, 친정 엄마가, 외숙모님이, 시어머님이 싸주셨던 보따리 생각들이 기억 속에 살아나고 있다. 보따리가 어찌 많았던지 그날의 주인공격인 달랑 무김치를 빠뜨리고 왔다.

이튿날 검은콩 한말과 무와 시금치를 더하여 택배로 보내왔다. 못 말리는 친구다. 사랑하는 친구 가정에 늘 하나님의 보살핌이 있기를 빈다. 지는 석양아래 붉은 빛을 바라보며, 꽃에 둘러싸인 벤치에서 까먹던, 구수한 군밤맛과, 그 풍경은 올가을의 추억으로 영원히 남으리라. 덕숭산 수덕사의 가을은 대웅전 목탁소리와 함께 붉게 물들어 가고 있다.

(2015. 11.)

시크라멘, 칼랑코에

입춘이 갓 지난 어느 날이다. 이웃에 사는 친구가 왔다. 손에 예쁜 화분을 들었다. 친구의 환한 미소는 꽃보다 아름다웠다.

"하도 예뻐서 샀지! 봄맞이 하러 꽃시장 다녀왔어."

이런 여유가 있는 친구가 부러웠다. 나는 무엇이 그리 바쁜지? 봄 맞을 준비도 잊었다.

시크라멘, 칼랑코에, 꽃 이름도 예쁜 글씨로 써 있었다.

분홍색 시크라멘의 꽃말은 '당신은 너무 아름다워 염려됩니다.' 라고 들은 것을 지금껏 기억하고 있는데, 재미있는 꽃말처럼 아름답고 우아한 꽃이다.

늘 즐겨 가까이 키우며 꽃말을 되 뇌이던 꽃이다.

칼랑코에의 꽃말은 '설레임' 오늘이 설레임으로 다가온 행운의 날이다.

잔잔한 꽃이 작은 분꽃 같기도 했다. 흔히 대하던 꽃인데 꽃 이름이 이렇게 독일 오페라의 주인공 이름 같이 아름다운 꽃인 줄은 처음 알았다.

봄이 우리 집에 펄쩍 뛰어든 느낌이다. 친구의 마음에 담겨온 봄이 우리 집에 이사 왔다.

누군가를 사랑하고 있을 때처럼 봄이 일찍 오라고 2월의 달력에 이틀을 뺐나보다. 그래야 이틀이라도 봄이 빨리오니까!

혹독한 긴 겨울서 봄을 기다리는 마음이 그렇다. 봄이다. 기지개를 펴자. 하늘을 바라보며….

온 천지가 꽃 세상일 봄을 맞이하자. 우리인생의 봄도.

시크라멘, 칼랑코에. 당신이 너무 아름다워 염려되고, 설레는 마음 가득한 봄을 마중하자. (2018. 3.)

은사님을 생각하며

쑤던 잣죽 젓기를 멈추었다. 5일전 병원에서 뵈었는데 새벽에 운명하셨다는 비보다.

"똥돼지를 키워 뱃속에 든 새끼까지 잡아먹는 제주서 왔습니다."

이렇게 새로 부임 인사를 해서 깜짝 놀라게 하셨던 그 선생님이 하늘나라로 가신 것이다. 약간 곱슬머리에 두터운 뿔테 안경을 쓰셨던 모습이 생생하다.

57년 전, 고등학교 1학년 국어 선생님이셨던 이희철 선생님과의 인연이 시작되었다. 화끈하신 성격이셨다고 그때 친구들도 기억하고 있다. 한번은 우리 반 앞줄에 예쁜 아이를

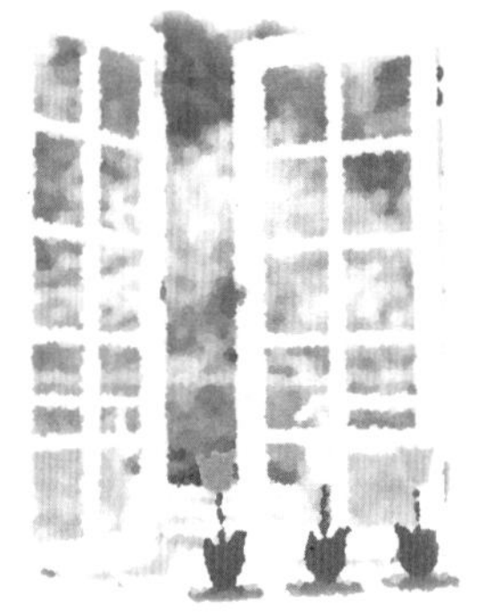

지적하시며 노래 한 곡 부르고 수업 시작하자고 제안하셔 교실 안 분위기를 부드럽게 하셨다. 시인답게 멋있는 선생님으로 기억되었다. 『풍금 치는 너의 손』이란 시집을 내신 적도 있으시다. 졸업 후 10여 년 간 모교에서 선생님과 같이 근무도 했었다. 스승님과 제자가 한 학교에 근무했던 것이다. 내가 과다한 업무로 힘들 때마다 격려를 해주셨던, 잊지 못할 은사님이시다.

고등학교 3학년 때 「죽겠다」라는 제목의 수필로 교내 문학 작품 발표회에서 신문부 장원에 뽑힌 적이 있다. 그 주제를 제안해 주신 분이 바로 이 선생님이셨던 것으로 기억한다. 그 후에도 「죽겠다」 제목과 내용을 후배들에게 예로 많이 드셨다고 한다. 그때의 자신감과 문학반 활동의 경험들이 나를 수필가로 키웠다. 목말랐던 청춘의 갈등을 글 쓰는 열정으로 풀었다.

퇴직 후에 스승의 날 등 가끔씩 찾아뵈었다. 자상하심은 전화 대화 중에도 배어 있었다. 남편과 애들 근황, 건강 문제까지도 신경 써 주셨던 분이시다. 나에게 몇 번 전화하셨다가 통화가 안 되면 내가 자주 입원하던 아산병원 입원 환자 명단을 확인하셨던 세심하심이 꼭 내 아버지 같으셨다.

선생님 댁을 방문하면 얼마나 반갑게 대해 주셨는지…. 댁을 나설 때면 사모님과 차 있는 곳까지 내려오셔서 내가 준비해간 선물보다 더 많이 실어 주셨다.

한번은 점심시간에 맞추어 맛있는 것 대접하고 싶다고 말씀을 드렸다. 선생님은 사모님을 모시고 몇 군데 식당에서 시식까지 해 보시고 위암 수술로 밥통(?)이 없는 제자를 위해 메뉴까지 골라 놓으셨다. 또 돌아오는 차 안에서의 간식까지 챙겨 주셔서 선생님 내외분께 감탄했었다.

여러 해 동안 작은 병으로 병원 출입이 잦으셨던 선생님. 입맛 없음을 호소하셨다. 오메기 떡과 한과를 보내 드렸더니 입맛을 찾으셨다고 하셨을 때 기쁨은 은사님을 향한 사랑이었다. 옆에서 애쓰셨을 사모님도 대수술을 받으셨던 분이시라 신경이 쓰였다. 어느 날 아파트 단지를 열심히 산책하시는 일과를 멈추셨다는 소식을 접했을 때, '아차'했다. 그 후 몇 년이 지났다.

얼마 전 김유정 문학관을 가족들과 다녀오셨다며, 전상국 문학관장이 춘천고등학교 제자라고 자랑도 하셨다. 춘천고등학교에 5년을 계셨는데 부임 첫해 담임하셨던 1학년 1반 제자들이 늘 모시고 대접도 하고 여행도 같이하는 인연으로 이어가고 있다고 한다. 춘천고등학교에서 선생님의 영향으로 시인 수필가 소설가가 많이 배출되었다는 것이 이해가 되었다. 작년 나의 졸저 수필집 『비취반지』을 받아 보시고 표지, 책 제목 그리고 한편 한편의 소감과 칭찬을 해 주셨고, 난 화분도 보내 주셨다.

이런 자상함과 사랑이 제자들을 작가로 많이 배출한 원동력이 된 것 같다. 이런 훌륭한 스승님을 늘 자랑하고 싶다. 우리 모교에 오래 계셨어도 여학생들은 아무래도 선생님을 기쁘게 해 드리지 못했음이 늘 아쉬움으로 남는다.

하늘나라로 떠나시기 5일 전에도 다섯 명의 춘천고등학교 제자들이 병상을 찾아 기도, 자작시 낭송, 노래 그리고 침상의 선생님과 사진을 찍었다. 사랑이 담긴 이벤트였다. 그때 안 찾아뵈었으면 얼마나 후회했을 제자들인가!

선생님이 춘천고등학교 부임하신 계기를 전해들은 적이 있다. 소양강 이름이 마음에 드셨고, 김유정 작가를 좋아하셔서 간절히 그곳에 부임하고 싶으셨다고. 춘천에 가셔서 제자농사에 성공하신 셈이시다. 이런 제자들을 남기셨으니….

선생님을 뵈었던 마지막 날이 된 그날, 나는 눈감고 누워 계신 모습이 정말 놀랄 정도로 안 좋으셨다. "선생님 저 왔어요."하니 눈을 번쩍 뜨셨다. 생각보다 힘 있는 음성으로 옛날 학교 얘기를 많이 하셨다. 놀라운 기억력이었고, 학교에 있던 사람들끼리만 통하는 내용이었다.

요즘 쓴 수필 두 편이 실린 책을 읽어 드린다고 가져갔었는데 기회를 놓쳤다. 마침 병원 원목실 목사님이 오셔서 기도해 주셨다. 선생님께서 '아멘'이라 두 번 하셨다. 무슨 상처를 입으셨는지 몇 년 간 하나님을 멀리 하셨기에 다시 예수님을 영접하시고 떠나기를 사모님께서 간절히 기도 중이셨단다. 사모님이 기쁨의 눈물을 보이셨다. 선생님께서 쑥스럽게도 목사님 앞에서 '내 우편(右便)에 천사 최학용 선생님이 왔다.'며 최고의 칭찬을 해 주셨다. "또 올게요."라고 인사드리고 자리를 떴는데, 그것이 마지막 인사가 되었다. 그날, 나의 글을 평해 주시고 칭찬하실 선생님을 잃었다. 이젠 어디서 뵐 수 있을까?

늘 곁에서 지켜 주셨던 사모님과 1남 2녀 자손들이 든든히 지켜드린 표시가 문상객들을 보고 확인되었다. 정말 행복하게 성공적으로 사셨다고. 삼남매를 결혼식에서만 봤었는데 한 번쯤이라도 자녀들 칭찬을 하셨으련만 한 번도 이 훌륭히 성장한 자녀들 자랑도 없으셨다. 선생님 성격이 꼭 그러셨다. 선생님을 꼭 빼닮은 외아들과 두 따님들. 사모님을 잘 모실 것 같은 인상을 받아서 흐뭇했다.

섭섭함과 아쉬움에 빈소를 네 차례나 찾게 했다. 입관 때에도 가족들과 함께 했다. 발인 예배 때 교회 조가대(弔歌隊)의 찬송이 선생님께 기쁨이 되었을 것 같다. 정말 마지막이다. 좀 더 자주 찾아뵐 걸….

다른 곳에는 없는 고요함 속에 장지로 떠나시는 사랑하는 선생님을 배웅했다. (2016. 7. 14.)

존경하옵는 최세화 선생님께

선생님 또 한해가 저물어가는 길목에 섰습니다. 사모님으로부터 깊은 수면에 빠지신지 이틀째라는 말씀을 들은 후, 전화벨만 울려도 불안했습니다. 오래 버티실까?

어제 오후 4시, '아버지께서 오늘 새벽 저의 곁을 떠나셨습니다.'라는 선생님의 부고를 접했습니다. 저희들의 결혼기념일을 자축한다고 교회에서 오는 길에 점심을 먹고 왔습니다. 기쁜 날이었습니다. 오후에 극장이나 간다했던 계획을 접고 허전한 마음으로 더 못 가 뵘을 후회하고 있었습니다. 요양병원으로 찾아뵙기로 한 날인데, 대전 을지병원 장례식장 가는 날로 이름이 바뀌었습니다. 늘 대전에 아버지처럼

든든한 후원자가 계시다고 여기고 살았는데 이젠 대전에 갈일이 없어졌네, 하는 생각에 마음이 허전해 왔습니다. 가슴이 아팠습니다. 흑석동 사시다가 대학교수 정년 후 아드님 곁에 가신다기에 멀어져 서운했어도 잘 하셨다 생각했습니다. 흑석동 댁에 가면 온실에서 키우시던 온갖 화초들을 보여주시던 기억도 생생하여 많이 아쉽기도 했습니다.

선생님 요양병원에 계시다는 소식에 다시 댁으로 오시길 기도 했습니다. 그래도 궁금하여 논산시 소재 요양병원까지 3시간 달려간 것이 지난 19일이었습니다. 병실에 들어서는 순간 스승의 날에 뵈올 때보다 한결 좋아지심에 감사했습니다. 라디오도, 신문도, TV도 볼 수 없다시며 가만히 눈감고 누워만 계셨던 선생님께서 TV를 보고 계셨습니다. 시간을 보내기 위해서라고 하셨습니다. 그래도 기력이 좀 좋아지셨나 하는 반가운 마음이었습니다.

병원에 계시다는 소식에 많이 우울하고 불안했는데 안도의 숨이 쉬어졌습니다. 간병인에게 "내 제자야 제일가는 제자"라며 저를 소개도 하셨습니다. 준비해 간 것 중 제 남편이 열 번째 출간한 수필집을 가까이 드리니 좋아하셨습니다. 책 낼 때마다 챙겨 보내드린 남편에게 늘 좋은 신랑 만났다고 칭찬도 해 주셨고, 책을 받으시면 꼭 전화로 격려를 해 주셨습니다.

책을 받아 드시고 밝게 웃으시며 "읽을 수가 없어" 하시자 곁에 있던 셋째 며느리가 "아버님 제가 읽어 드릴게요." 했기에 일부라도 읽으셨으리라 생각합니다. 제가 기른 국화꽃 몇 송이를 은박지에 싸 보따리 옆에 세워 갔습니다. 가까이 드리니, 꽃향기도 맡으셨는데…. 하얀 피부에 알맞게 흰 머리칼, 여러 해 누워계셨던 환자라 여기기엔 너무나 깨끗하셨고, 크신 키에 양반집 선비 같으신 선생님을 다시 뵈었습니다. 입고 계신 푸근한 잠옷은 어쩐지 지난 학기 중학교 교사 명예 퇴직한 고명딸이 사서 드린 것 같습니다.

밖에 진눈깨비가 온다고 늦기 전 떠나라고 재촉하셔서 등

떠밀려 서울로 향한 게 마지막이 될 줄은 몰랐습니다. 시내 병원 진료 가신 사모님 늦게 오실 것 같다는 전화 받고 못 뵙고 온 일도 아쉬웠습니다. 제가 "또 올게요."라며 꼭 안아드리니 있는 힘을 다해 저를 안아 주셨습니다. 문을 나설 때 사랑스런 눈길로 보셨습니다. 자꾸만 뒤가 돌아다 보였습니다. 병원을 나서며 양 볼에 뜨거운 눈물이 주루룩 흘렀습니다. 서울 도착. 사모님께 전화 드리니 "무슨 선물이 이렇게 요란해, 최 선생 선물 중 으뜸은 단연 국화꽃이야." 하신 말씀이 선생님께서 아마 향기를 또 맡으셨나? 하는 생각이 듭니다.

꽃을 남달리 좋아하시던 선생님의 고상한 성품을 다시 읽었습니다. 부족한 저를 사랑으로 제일이라 칭찬해주셨던 선생님을 이디시 뵈오리까? 저희 아버지께서 자식들에게 기회만 되면 최 선생님 훌륭하시다는 칭찬을 하셨던 생각이 납니다. 고3 수업 시간 재미있고, 구수하게 고문을 가르쳐 주시던 때가 자주 머리에 떠오릅니다. 선생님은 우리 학생들이 귀공자, 그리고 부잣집 선비라 칭했었습니다. 대전이 서울서 멀다는 핑계로 자주 찾아뵙지 못했음에 용서를 빕니다. 선생님께서 저희 곁을 떠나신다니 많은 후회가 됨은 저도 나이가 든 탓이겠지요? 전화 드리면 간신히 힘을 실은 목소리에 온 식구의 안부와 염려를 늘 일 잊지 않으시던 그 인자하신 음성을 어디서 들으리이까?

10년 전이라 기억합니다. 댁에 들어서니 방마다 그리고 거실까지 빼곡히 찾던 책들의 자리가 비어 있었습니다. 봉직 하시는 동국대학교에 책을 보내셨다 했습니다. 지금 생각하니 그때부터 떠나실 준비를 하신 것 같습니다. 베란다, 거실, 가득했던 꽃들이 갈 때마다 줄어들었던 일들도 예삿일이 아니었음을 받아들여야 했습니다. 저희 엄마가 모아놓으신 일기장 글씨가 반듯함을 벗어나 힘없이 흔들렸습니다. 이때 저희 곁을 떠나실 날이 머지않았음을 감지하지 못했음과 흡사한 일인 것 같습니다. 그때 저희는 그런 것을 몰랐습니다. 몸에 기력이 쇠하면 글씨부터 힘이 없음을 늦게서야 알았습니다.

선생님! 정말 훌륭하게 사신 가르침대로 남은 저희들 바르고 곧게 잘 살겠습니다. 부디 편한 마음 가지시고 영면 하옵소서. 기력을 다시 찾으실 수도 있으리라는 기대가 무너진 날! 이날은 잊지 못할 것 같습니다. 하늘나라 가셔도 평생 선생님 받들어 모신 사모님과, 4남매 자손들 잊지 않으실 줄 믿습니다. 뵈러 다녔어야 아무것도 해 드린 게 없었던 무능했던 저였음이 부끄럽습니다. 선생님! 연하장 하나도 붓글씨로 정성스레 써서 보내주시고, 집안 행사 때마다 족자에 글을 담아 보내 주심도 감사한 마음 가지고 있습니다.

1997년. 제가 위를 절제하는 큰 수술할 때도, 약하신 당신 자신 생각은 않으시고 병문안을 오셨던 일 등은 잊지 못할 것입니다. 서울 길이 불안하다며 자녀들이 핸드폰을 당일 사서 드렸다는 말씀에, 얼마나 힘 드신 상황 중에 무리하여 떠나셨나함이 가슴을 누릅니다. 누가 들어도 가족 사랑이 담긴 드라마 같은 장면들이 상상됩니다. 저는 누워서 꼼짝도 못하는 상황이라 어쩔 수가 없었습니다. 식사 대접은커녕 간병인이 엘리베이터까지만 모셔다 드린 기억뿐입니다. 그 후 거동할 수 있을 때 제일 먼저 선생님을 찾아뵈었습니다. 선생님! 고맙습니다. 편히 가십시오. 저는 선생님 회갑 때, 저희 식구가 부모님 모시고 가서 축하 드렸던 당시, 한복에, 두루마기 입으셨던 그 멋진 모습을 제 머리에 담아 두겠습니다. 선생님! 선생님 생각이 정 많이 나면, 경주 불국사 올라가는 길, 돌에 새겨놓으신 그 힘찬 선생님의 붓글씨를 보러 가겠습니다. 사랑합니다. 편히 잠드세요.

– 2015. 12. 7. 중앙여고 제자 최학용 드림

친구 유지은 선생의 그림전에서

슈베르트를 손수 그린 엽서 한 장을 우편함에서 꺼내며 마음이 설렌다. 친구 유지은이 보낸 엽서다. 사진인줄 알았는데 손수 그린 엽서다.

"흐린 날 오후 슈베르트의 세레나데를 들으며 이곡을 바이올린 선율에 실어 친구의 안부를 묻는다."라고 적힌 짧은 사연이다. 예사롭지 않은 솜씨를 감지했다. 일상에서 가까이 있는 작은 것 하나도 연필로, 붓으로 그려, 카톡에 올릴 때마다 야! 솜씨 대단 하네. 감탄 연발이었다. 그런 친구를 보고 내가 말했다. "그림 전시회 한 번 해야지" 그 말이 이루어졌다.

여고시절 정물화로 감을 그리는 미술 실기 시간이었다.

"감을 정말 실물같이 잘 그렸지요?"

"네~에~"

60명이 한 목소리로 "정말 감이 실물과 같아요." 교실이 울릴 정도의 칭찬 담은 기분 좋은 대답이었다. 김영화 선생님의 말씀 한마디가 지금 유지은이를 미술가로 탄생시킨 힘이었다.

본인의 회고담이고 작가의 기억이다. 대가족을 이끌며, 초등학교 교사로서의 열과 성을 다하고, 교수인 남편을 내조도 잘했지만, 삼남매도 잘 성공시킨 오늘의 주인공이다.

유지은의 그림세계는 조용하면서도 섬세하고 그 속에 옛날의 향수를 가져다준다. 한마디로 솜씨가 팀이 난다는 표현이 맞을듯하다.

친구 집에 간 날. 화실엔 물에 담긴 미술 붓이 평소에도 꾸준히 그림을 그리는구나 하는 인상을 남겼다. 가톨릭 신자이기도한 친구 집 거실엔, 직접 그린 김수환 추기경 사진이 걸려 있었고, 손주들을 그린 그림이 집안 분위기를 확 잡고 있었다.

올해 공동 전시회를 3회나 열었다. 지난 해 그리도 사랑하던 남편을 먼저 하늘나라로 보내드린 아픔을 딛고 이룬 행사였다. 많은 지인들의 극찬 속에 많은 위로를 받았을 거란 생각이 들었다. 바쁜 일로 잠시나마 사랑하는 남편을 잃은 허전함을 달래기 위해서 만든 바쁜 일정이었는지도 모르겠다. 난 전혀 그림에 문외한이지만 처음보다 다음이 또 세 번째가 그림이 더 좋아 보였다. 나도 그림 감상할 줄 아는 안목(?)이 생겼나? 친구 덕에. 그림 솜씨를 펼치는데 나이가 무슨 소용이 있겠나!

남은 여생 아름다운 고장, 경기도 안성에서 자란 소녀의 순수한 꿈을, 미술세계에 장대하게 펼치기를! 유지은이의 조용하고 섬세한 자태처럼 미술 작가로서 붓 잡은 손에 하나님의 축복이 임하길 빌어본다. 동호회 모임 전시회의 시작으로 개인전을 기대한다. 흡족한 마음으로 축복한다.

슈베르트의 세레나데 선율이 바이올린에 실려 방안에 흐르는 듯 고요한 겨울밤이다. (2017. 12.)

부산에서 본 벚꽃

흐드러지게 핀 것이 무언지를 일러준 연분홍빛 벚꽃이 우리를 부산으로 불렀다. 벚꽃이 파스텔 톤이라 더 환영받는 색일지도 모른다.

곳곳에 겨울을 이겨 낸 대지의 건강한 봄빛이 가득하다. 우리 인생의 봄도 함께했으면 좋겠다고 빌어본다. 급행열차로 친구 다섯 명이 떠난 여행이다. 일찍 서둘러 2시간 만에 부산역에 도착했다. 역에서 점심을 먹고 부산시내 전철을 탔다. 해운대로 가는 길이다. 근거리인데 갈아타는 코스였다. 서울 전철과는 비교가 안 되었다. 편의 시설 부족에다 차도 협소해 보였다.

늘 다녔던 해운대가 몇 년 만에 몰라보게 변했다. 높은 건물이 많아졌고 새 도시로 변했다. 해운대 바로 바닷가에 위치했던 자주 오가던 한국콘도. 그 자리엔 건설 중장비가 서있고 문제를 안고 있는 건설 현장이란다.

한화콘도에 여장을 풀고 해변 산책에 나섰다. 늦은 저녁을 해변가 횟집에서 생선회로 해결하고, 밤엔 이야기로 회포를 풀었다. 회를 못 먹는 나는 어정쩡한 식사를 했다.

다음날 아침 진해로 향했다. 시내 구경도 하며 여유 있는 시간이었다. 부산 전체가 벚꽃인양 분홍빛이다. 위용을 자랑하듯 서 있는 부산대학병원 앞도 지났다. 밤에 방안서 아름다운 야경으로 보았던 광안대교도 지났다.

비가 조금씩 내렸다. 벚꽃이 피자마자 질까 아쉬웠다. 진해 군항제가 4월 1일부터 10일까지니 우리가 딱 중간 제일 절정일 때 온 셈이다. 올해가 55회째라는데 처음 온 진해 군항제이니 감회가 깊은 날이다. 해양공원을 가로질러 군함이 서 있는 곳에서 군함에도 올라가 보았다. 군함에 오르니 세월호 선박의 크기가 이 정도일까 할 정도로 큰 군함이었다.

단정한 해군들이 여기저기 배치되어 구경꾼들을 안내해 주었다. 세라복의 해군들! 늘 내가 좋아하는 복장이다. 군인으로서 늠름하기보다 멋있다고 표현하고픈 해군이다. 복장이 주는 이미지 탓일까?

해양 박물관도 볼거리가 많았다. 그중에 통제사 충무이공(忠武李公) 명량 대첩비 탁본(拆本)은 처음 본 귀한 것이었다. 1597년 정유년 9월에 통제사(統制使) 이공(李公)이 수군을 거느리고 진도 벽파정 아래에 주둔하고 있다가 명량으로 들어가는 길목에서 왜군을 크게 쳐부수었다는 기록도 있었다.

오는 7일 금요일엔 진해 군악 의장 페스티벌이 예정 되었다는데 많이 아쉬웠다.

다시 콘도로 돌아오는 길에 부산 자갈치시장에 들렀다. 온갖 건어물 등이 주부인 우리의 마음을 동하게 했다. 해산물들을 사서 택배로 부쳤다. 둘째 날 밤. 시간이 가는 줄도 모르고 이야기꽃을 피웠다. 이번에 세 명의 친구가 함께하지 못해 아쉬웠다. 한 친구는 독감으로, 한 친구는 약속이 있다고, 한 친구는 마음 아픈 사연으로 빠져서 마음이 심히 쓰였다. 마음 아픈 친구에게 속히 마음 다스리기를 빈다. 부활절 기간에 주님이 친구를 안아 위로해 주셨으면 얼마나 좋을까? 꼭 나의 친구를 위한 기도가 이루어지기를 간절히 소원한다.

오늘은 귀경 하는 날. 시내 관광을 예약했다. 밤에 바닷물이 방파제에 세차게 부딪히며 바람소리도 요란했다. 바닷가 카페 식당 등에서 앉아있는 손님이 바닷물을 보기 원한다며, 방파제를 높이 못 쌓게 했단다. 무드 찾다가 지난여름 해일(海溢)로 상점 안까지 물이 들어와 물난리를 경험했다고 한다. 밖에 나가니 비바람이 세차게 불었다. 현관서 차에 오를 잠깐 동안 우산이 뒤집혔다. 세찬 바람이 두렵기까지 했다. 순간 언젠가 제주도에서 골프 칠 때 바람에 날아간 모자 집으러 이리저리 뛰던 생각이 났다. 제주와 부산. 맑은 공기는 일품이지만, 생각하면 잠깐은 놀러 와도 살고 싶지는 않은 도시다.

시내 관광 코스를 많이 생략했다. 태종대 가는 것도. 누리마루 가는 것도. 가 본 곳이긴 해도 아쉬웠다.

세찬 빗속에 해동 용궁사에 내렸다. 우산만으로는 비를 피할 수 없는 상황이었다. 비옷을 사서입고 원하는 사람만 가기로 했다. 웅장한 대웅전이며 부속건물들이 바다를 바라다보고 있다. 전망이 장관이었다. 우중에도 스님들 분주한 손길이 부처님 오신 날이 머지 않음을 미리 짐작할 수 있었다.

입구엔 득남 석(得男 石)이라 하는 돌 불상이 앉아있었다. 만지기만 해도 아들을 얻는다는 속설에 누구나 만지고 지나가기에 코가 새까맣게 변해 있었다. 우리의 남아 선호 사상이 말해주는 증거이리라. 재미를 불러일으키는 돌 불상이다. 나에겐 해당 사항이 없지만 코를 쓰다듬고 지났다. 빗속에서도 다들 그냥 지나치지 않으니 웃음이 나왔다.

유엔군 묘역에 참배도 했다. 넓은 대지위에 잘 조성된 묘역. 2,300명이 넘는 외국 희생자들이 잠든 곳이다. 가슴이 먹먹해지도록 마음이 아픈 곳이다. 얼마 전 서울 마포구 합정동에 양화진 외국인선교사 묘역을 참배했었다. 그곳과 비교할 수 없을 정도로 넓이가 40,500평이나 되는 곳이었다. 더욱 안타까운 것은 17세의 소년 병사가 순직했다니 기막힌 노릇이었다. “어느 군인에게도 엄마는 있다.”라고 어느 영상에서 해군 작전 사령관이 말했다. 17세 그 병사의 이름을 물이 흐르는 계곡이름으로 칭했다고 했다. 여기 누운 대한민국을 위해 목숨 바친 영령들! 각자 수천 킬로 머나먼 이국땅의 묘역에 부모형제와도 떨어져 외롭게 묻혀있다. 그들의 영혼을 위로라도 하듯 꽃비가 내리고 있었다. 무거운 발길이 떨어지질 않았다. 이해인 시인의 헌시가 그들을 위로하려나? "우리의 가슴에 님들 이름을 사랑으로 새깁니다. 우리의 조국에 님들 이름을 감사로 새깁니다."라 쓴 시가.

오륙도의 뜻도 알았다. 물이 들고 빠짐에 따라 다섯 개 혹은 여섯 개로 보인다는 뜻이란다. 괜찮을 것 같기도 하고 큰일 날 것 같기도 하여 한숨만 쉬고 있는 우리 대한민국의 정국을 17세 병사가 보고 있으려나? 친구들과 두 번의 밤, 세 번의 낮을 보냈다.

우리들의 벚꽃 축제는 수서역에서 헤어지며 끝났다.

이어지는 여의도 윤중로 벚꽃 축제도 갈까? 꽃보다 사람이 많은 축제는 싫다. 이 봄을 부산 벚꽃으로 장식하리라!!

(2017. 4.)

고궁의 봄 밤

햇살이 훙건히 내려쬐는 긴 봄날! 하루가 모자란 듯 야간 개장하는 경복궁을 찾았다. 관람시간은 밤 7시부터 10시까지. 4월 16일부터 27일 까지 야간개장이다. 며칠 전 친구와 약속을 했는데 비가 와서 취소했다. 그리고 오늘이 마지막 날이다.

퇴근하는 남편에게 말하니, 흔쾌히 동행해 주었다. 공연히 궁금하고 오늘 못 가면 영영 야간 개장 구경은 못 할 것 같은 방정맞은 생각은 왜일까? 아들이 바짓가랑이에 기저귀가 흘러내린 줄도 모르고 계단을 엉금엉금 기어오른 어릴 적, 창경궁 밤 벚꽃 놀이 후 밤의 고궁은 처음이다. 점점 아픈 곳만 늘어가는 자신에게 믿을게 없는 것 같은 마음에서다.

4월 27일은 음력 4월 초이틀이다. 초생 달이 높이 떴다. 보름달 밝을 때라면 환한 달빛에 비치는 경복궁의 풍경이 더 멋있을 걸 하는 생각이 들었다. 캄캄한 밤중에 조명이 비추는 경회루는 역시 우리나라에서 가장 큰 규모의 누각이라 여겨졌다. 조명 속에 반짝이는 잔잔한 물결, 점차 녹음이 우거질 낮의 경회루를 떠올려본다. 경회루 누각에 올라 연못을 내려 다 보는 운치도 상상해보았다. '궁중 문화 축전' 행사도 다양하게 열리고 있었다.

음악회에서의 가야금 연주도 궁궐의 밤과 어울리는 훌륭한 장르였다. 마음도 조용히 가라앉는 듯 고요해지는 순간임을 느꼈다.

경회루의 외곽 모습도 참 품격 있어 보인다. 낮에 보면 산자락 앞에 우뚝 서 보일 근정전 모습도 위엄이 있어 보였다. 광화문에 은은한 조명이 켜진 상태, 늘 앞을 지나며 본 낮 풍경과는 다른 모습이었다.

경회루의 서쪽 터 향원정에 다다르니, 어느덧 연못에도 봄이 가득했다. 향원정 뒤뜰을 거닐 때 고즈넉하던 추억이 되살아났다. 가야금 연주가 더욱 야간 분위기를 띄우고 있었다. 역시 가야금은 밤에 맞는 악기인 것 같다. 화려한 한복 차림의 가야금 연주자의 모습을 보며 흐뭇해할 순간이다. 또 다른 무대에서는 젊은이들의 노래와 춤의 향연이 벌어지고 있었다. 참신한 발상이라 여겨졌다. 고궁축제인데도 젊은이들이 다수인 점을 미리 예측한 준비라 생각되었다. 축제는 무르익어가고 밤도 깊어가 10시를 향하고 있었다.

옥에 티라 할까? 유감인 것은 요즘 젊은이들의 한복 착용 모습이다.

간이 칸막이로 된 한복 대여소에서 대강 걸치는 껑쭝한 치마며, 다소곳해야할 한복 입은 모습이 눈에 거슬렸다. 한복 고유의 품격을 땅에 떨어뜨리는 것 같은 생각이 들었다. 한복 착용 자는 입장료가 무료라 했다. 그런 이유인지 한복 착용 자가 다수였다. 한복 착용의 품위를 지켜준다면 고궁의 무드와도 어울리는 고즈넉한 분위기로 손색이 없을 터인데. 평소에도 광화문 근처를 지나며 이상한 한복 차림을 하고 거리를 활보하는 젊은이들이 보일 때 늘 눈살이 찌푸려졌다.

밤 10시. 늦은 시간 광화문을 마주하고 섰다. 휘황찬란한 대낮을 방불케 하는 불빛. 현란한 시내 간판이 뿜어내는 조명, 달리는 차들의 소음이 고막을 찢는 듯하다. 둘이의 대화도 이어지지 않을 정도였다. 불야성 같은 시내풍경을 오랜만에 대하는 날이다. 급히 택시에 올라 집으로 향하며 은은한 조명 아래 별빛을 흡수해 드러내던 고궁 안과 밖의 차이가 극명함을 느꼈다.

별빛을 흡수해 드러나는 그 빛깔에 취해 있던 나를 발견한다.

눈부신 봄빛을 음미하면서 우리 인생의 봄도 행복하기를 소망한다.

경내를 돌아봐도 우리 부부 같은 노인은 없었다. 남편은 바쁜 일정을 소화해 내고, 휴식을 해야 할 시간에 오늘도 마누라 바보였다. 고마운 마음으로 손을 꼭 잡아 주었다. 겸연쩍기 보다는 젊은이들 속에 어울려 지금 살아 있음에 감동의 탄성이 질러진다.

밤에 고궁 야간 개장을 찾은 용기! 노인들이 무슨 야간 개장 고궁까지 가요? 물으면 나는 대답하리라!

"봄이잖아요!" (2017. 4.)

금붕어

우리 아파트 정원에 연못이 마음을 편안하게 한다. 며칠 전 햇살 좋은 가을 오후였다. 몇몇 초등학교 학생들이 연못에서 금붕이를 세고 있었다. 저학년으로 보이는 여자 아이들 모습이 하늘에서 막 내려 온 천사들 같았다.

아파트 우리 동 뒤편에 실개천이 흐른다. 남쪽 거실 창문을 통해 시야에 들어오기도 한다. 실개천이 흘러 옆 동 뒤편에 모여 연못을 이룬다. 옆길을 거닐자면 졸졸졸 소리도 좋고 주위가 정돈된 듯 정원의 정취를 느낀다.

오래 전 단독에 살았을 때다. 그 넓은 정원에 나무 몇 그루 심고는 채소 심기만 힘썼다. 정돈된 정원으로는 가꾸지

못했다. 그래도 그때 넓은 마당이 향수처럼 가끔 눈앞에 펼쳐지곤 한다. 이곳으로 이사 후 정원의 매력에 빠져드는 나를 발견한다.

어제 있었던 일이다. 현관 게시판에 겨울 채비로 연못의 물을 빼느라 금붕어를 원하는 세대에 분양한다는 공고를 보았다. 순간 지금 어항에 물고기를 좀 더 넣고 싶은 생각이 들었다. 신청을 하기로 했다. 선뜻 우리가 키워 따뜻할 때 연못인 고향으로 보내고자 해서다. 늘 오가며 대화를 나누던 금붕어들이다. 꽤나 큰 놈부터 새끼까지 크기도 다양했다.

연못가에 서있는 조각상도 연못과 잘 어울린다. 내가 조각했어도 이렇게 표현 했을 것 같은 공감이 간다. 지지대 위에 둥근 지구, 지구 위에 시이소, 시이소 한편엔 한 남자가 뛰고 다른 편엔 두 남자가 달리는 조각상이다. 제목은 '김 과장의 하루'다. 요즘 직장인들의 바쁜 일과를 바삐 물속에서 헤엄치며 먹이를 찾아야 하는 금붕어의 분주함과 같다고 표현한 것이 아닐는지?

연못의 크기며 모양이 자꾸 그 옆에 마음이 머무르게 한다. 옆에 나무다리도 운치를 더한다. 지나는 사람들이 사진에 담는 다리이기도 하다. 다리를 건너면 넓은 마루 위에 십여 명이 앉을 수 있는 파라솔과 의자와 테이블이 지나는 이들을 불러 앉게 한다. 여름엔 내가 좋아하는 보라색 붓꽃들이 한창 폈었다. 난 습기를 좋아한다는 양 실개천 물 닿는 곳과 연못가에 그 은은한 연보라색 붓꽃은 내 마음 속 환성을 불러일으키고도 넘치는 정경이었다.

4시에 연못가로 오라는 문자와 방송이 있었다. 설레는 마음이다. 커다란 유리병을 들고 갔다. 가까이 가니 아저씨 세 명이 물을 다 빼낸 연못 안에서 장화를 신은 채 돌 틈에 숨은 붕어들을 찾아 담아 주었다.

동 호수를 확인 후 9마리를 받았다. 5마리를 신청했는데 덤으로 4마리를 더 받았다. 어항이 작다는 느낌이 들도록 제법 큰 금붕어들이였다. 금붕어에 검은색 물고기도 한 마리 섞여 있었다. 요즘 탐스런 단감 색깔과 같은 아름다운 색이 너무 좋았다. 연못에서 헤엄칠 때와는 다른 광채까지 나는 색깔이 아주 선명했다. 받아들고 오는 걸음엔 나도 모르게 신바람이 실렸다.

내 앞에 젊은 엄마가 네 살 정도의 딸과 같이 비닐 봉투에 물고기를 잔뜩 담아 연실 웃으며 들고 있었다. 어린 딸을 위해 길러 보리라 결심한 듯했다.

젊은 엄마의 선택이 기특했다.

기르는 방법을 아저씨께 묻는다. 수돗물 받아 한 시간 후에 넣어주세요. 간단히 일러 주는 말에 내가 한마디 거들었다. 수돗물은 하룻밤 지나고 넣으라고. 잘못된 정보로 그 많은 붕어가 죽을 뻔 한 일을 막았다는 생각이 들었다.

어린 딸아이가 귀여운 모습으로 "잘 키울게요."라고 인사하며 집으로 향했다. 잘 키워서 봄소식과 함께 연못에 다시 넣어 넓은 곳에서 맘대로 놀게 해주자. 마음에 약속을 했다.

구피 키우는 어항에 조심스레 한 마리씩 넣었다. 옛적 물가에 가서 방생하던 생각이 순간 떠올랐다. 구피 새끼가 요즘 생겼는데 잡아먹히지 않았으면 좋겠다.

물에 넣자마자 낯선 곳 인줄도 모르고 활발히 헤엄치고 있는 금붕어들, 활력이 넘친다. 나도 넘치는 활력을 받는 느낌이다. 이런 것이 바로 일석이조가 아닌가? 기쁨이 넘친다. 행복하다. 오히려 구피들은 위로 떠서 피하는 모습이다. 겁에 질린 듯한 구피를 보며 측은한 생각이 들기도 했다. 어항 앞에 의자를 놓고 가까이서 지켜보았다. 얼마 후 현란한 칼라와 크기에 오히려 환영하는 듯 가까이서 같이 노는 듯했다. 참 다행이다. 구피는 단골 미용실 원장이 이사 기념으로 분양해 주어 키우는 물고기인데 금붕어가 합해져 식구가 갑자기 많아졌다. 1주일 전 어항 청소를 대대적으로 했기에 새 식구 맞이하기 딱이었다.

물도 두 달에 한 번씩 갈아 주고 물풀이며 잔잔한 돌까지 씻어 넣어주려니 일이 많고 힘도 든다. 그래도 즐겨함은 어느 듯 내게 친구가 된 물고기를 보고 손자들도 함께 좋아하는 기쁨 때문이다. 자연을 좋아 함에 물고기 키우는 일은 마음이 치유가 되는 일인 듯하다.

우리가 자는 시간엔 꼭 어항에 불을 꺼준다. 다섯 살짜리 외손녀 오성이와 아홉 살짜리 외손자 동호의 부탁 때문이다. 우리가 잘 때는 꼭 불을 꺼주어야 물고기도 잔단다. 어디서 들은 얘기 일거다. 책에서 읽어 기억하고 있는 내용일 수도 있다. 물고기도 자야하니 맞는 말인 듯하다. 지금까지도 이런 것을 몰랐던 내가 부끄러웠다.

어린애들한테도 배운다는 평범한 진리를 깨닫는다는 생각엔 변함이 없다. 부끄러우면서도 기분이 좋아짐은 손자 사랑이리라. 구피는 작아서 자는 지도 잘 안 보였었다. 불을 끄고 살피니 금붕어는 어항 바닥에 착 붙어 지느러미를 내리고 있었다. 처음 보는 일이었다. 내일 아침 내가 일어나는 시간에 불을 켜고 깨워주마. 그리고 먹이도 줄게.

금붕어 분양 받던 날 마음은 분주했지만 한 편 부자 된 듯 뿌듯한 하루였다.

어린이에게 엄마 아빠가 구세주이듯 늘 보살펴 줄 테니 나를 구세주라 여기고 잘 커다오. 구피와 금붕어야 알았지!!

(2015. 11. 26.)

5

자연과 만남

한옥의 아름다움과 추사 김정희 선생의 발자취를 느낄 수 있는
충남 예산 생가 고택도 가 보았고, 추사체 붓글씨도 배워
보았으나, 그의 자세한 삶에 대한 정보는 처음 접함이 부끄럽다.
예나 지금이나 이름이 나면 시기가 있고 어려움이 있는 법.
그래서 더 돋보이는 추사 김정희 선생을 세상 사람들이 귀히
여기는 인물로 꼽는지도 모를 일이다.

어느 토요일

딩동~ 삼 모녀가 현관에 들어선다. 모두들 키가 170cm에 가까우니 집안이 꽉 차는 느낌이다.

"할머니"하며 힘껏 포옹한다. 마치 운동장에서의 우렁찬 함성을 외칠 때 같은 기운을 선사 받는 기분이다. 흐뭇한 사랑의 미소가 엔돌핀이 팡팡 솟아 전해진다. 늘 학교, 학원 다니느라 바빠서 오기가 점차 힘들어 진 혜원이 지원이가 왔다. 초등학교 때는 거의 매주오던 아이들인데. 얼굴 보기가 힘들다. 시간 내어 삼 모녀 총출동이다.

큰 손녀 두 돌, 둘째가 생후 6개월 때 영국 옥스퍼드에 가서 3년을 머물렀다. 아들이 옥스퍼드대학교 연구원으로 있을 때였다. 얼마나 보고 싶던지 3년에 네 차례나 다녀오기도 했다. 오죽하면 한인교회 식구들이 어머니가 오신다했더니 지난번 오셨던 그 시어머니가 또 오시느냐고 묻더란다.

그때는 내가 좀 기운 없어 보이기만 하면 비행기 표를 사 오는 남편의 배려로 힘들어도 다녔다. 히드로 공항까지 열 시간 비행이지만, 보고 싶은 마음이 더 컸기에 가능한 일이었다. 지금은 비행기 타는 것 힘들어서 못 다닌 지 오래다. 영국 갔을 때 같이 버스로 백화점 가서 맛있는 것 사주고 다녀 보던 곳을 생각하곤 한다. 애들 대학가면 동행하여 그 곳 그 자리에 가서 그때 추억을 되살리고 싶다.

엄마는 초콜릿과 아이스크림을 사주지 않았는데 할머니가 가끔 사 주면 얼마나 좋아했는지 모른다. 초콜릿 먹을 때의 행복한 표정이 지금도 환히 떠오른다. 유치원 끝나는 시간에 가서 같이 오며 유치원 울타리에 열매도 땄다. 지금 생각하니 체리인데 그때는 거기서는 아무도 따먹는 사람이 없었다. 지금 흔해지니 그때 더 실컷 따 먹을걸 하는 생각을 하며 미소 지었다. 그 후 미국 보스톤의 하버드대 교환 교수로 14개월 있을 때는 조용한 대학도시 구경 시켜 준다고 아들이 데리러 왔어도 갈 엄두를 내지 못 했다.

그 후 손녀들이 초등학교 5학년, 3학년 때다. 보스톤에서 혜원이가 그곳 초등학교에 편입 초등학교 졸업을 했다. 귀국 후 명지초등학교 6학년 졸업도 했다.

지원이는 명지초등학교 다니다가 보스톤서 초등학교 편입학. 귀국 후 명지초등학교를 졸업을 했다. 일찍부터 두 애들이 다 영어에 자신감을 가지고 있다. 영어 말하기 대회서 입상한 적도 있다. 둘째도 영어공부를 재밌어 한다기에 다행이라 여긴다. 영어도 중요하지만 미국 머물 때 여러 나라 구경할 기회를 가진 것이 아주 잘 한 일 같다.

오늘도 책가방을 무겁게 지고 왔다. 아들 고2 때였다. 너무 열심히 공부하는 머리 식혀준다고 주말에 가까운 산에 등산을 갔는데 등에 책을 잔뜩 짊어지고 갔다. 책을 손에서 놓으면 불안한 마음 때문인 것을 알기에 더욱 딱했다. 혜원이 지원이도 그런 마음에서 책을 잔뜩 지고 왔다. 할아버지 할머니 책상에 책을 편다. 나는 모른 척하고 아파트 장 서는 곳에 구경 가자고 했다. 얼른 따라 나섰다. 할머니가 어찌 우리 맘을 잘 아실까 하는 표정이 역력했다. 쉬고 싶은 마음이 오죽하랴? 순대도 사고, 닭 강정도 샀다. 말리지 않았다. 재미있어 했다. 이런 마음의 여유가 가끔은 필요한데 늘 시간에 쫓기니 늘 시간이 널널한 듯 보일 내가 도와 줄 일이 무얼까? 고민이다.

햇마늘 한 접을 샀다. 아주 굵고 탐이 나서다. 아들네랑 나누어서 먹자 생각했다. 며느리가 애들한테 공부는 나중에 하라며 마늘 까기를 제안했다. 할머니가 언제 까시겠냐고.

둘이는 기다렸다는 듯이 대든다. 막상 깐다고 덤비니 공부는 언제하나? 그리고 손에서 마늘 냄새 날까 말렸다. 마루에 자리하고 둘러앉았다. 마늘을 주물러 터뜨리는 수준이다. 마늘이 어떻게 생긴 줄이나 아는 애들인가? 우리가 배우는 것들의 대부분은 실패를 통해 배우는 게 아닌가! 그래도 까보고 싶어 하는 마음이 기특했다. 한참 후 다 깠다고 기지개를 켠다. 깐다고 대든 것만 해도 신기하고 신통하다. 먹을 줄만 알지 무엇을 해봤나? 마늘을 이렇게 까본 일은 마음의 여유를 찾고, 공부에 대한 강박 관념에서 잠시 벗어났었다는 생각이 든다. 며느리의 제안이 흐뭇하기까지 하다. 안 쓰던 근육을 쓰는 것처럼 안하던 종류의 일을 하게 됨이 새로운 발견으로 이어지는 일이 있기를 바란다.

미국서 귀국 시 애들을 그곳서 공부시키려고 생각했었다.

아들 며느리가 의논하러 왔을 때 완강히 말린 할아버지. 여기서 공부하기 힘든 것 안다. 그러나 같은 또래 애들도 같은 조건에서 다 하고 있다. 미국이 공부하기 수월할지 몰라도 어려움은 다 있을 것이고, 애비가 방학 때 잠깐은 다녀올 수 있지만 어디 대학교수가 방학 내내 그렇게 한가히 학교를 떠날 수 있느냐는 게 남편의 의견이었다. 기러기 가족됨은 바람직하지 않다고 말렸다. 이런 우리들 생각과 만류에 귀국해서 지금에 이르렀다. 그곳에 있었으면 좀 편했으려나? 좋은 점도 있었을 것이다. 그랬으면 아주 미국 사람되는 것 아니었을는지? 만류를 받아들여 지금에 이르렀다. 이나마도 더 못 본다면 어땠을까? 아들 가족이 기러기 가족으로 살아간다는 생각을 떠 올리기 조차 싫었다. 아니 삶의 상대가 용납이 안 되었다.

아들이 중학생 때 우리가 배 과수원을 가지고 있었다. 어떤 나무는 배가 익어가면서 겉으로는 멀쩡한데 속이 썩어가는 과일 특유의 병이 있었다. 썩어가는 배를 따서 땅에 묻어야 더 번지는 것을 막을 수 있다는 관리인의 설명을 듣고 구덩이를 파고 묻었다.

아들도 같이 갔던 친구와 호기심으로 땅을 파보고 싶다고 해서 삽을 주었다. 한참을 재미있게 하더니 삽을 던지듯 밀면서 "엄마, 땅 파는 것 보다 공부가 훨씬 쉬워요."하며 삽질을 멈추었다. 이런 경험이 있었기에 아들이 공부의 길로 들어섰는지도 모른다. 역시 경험은 필요하다는 생각을 깊이 해본다.

탈무드에서 읽은 글이 떠오른다. "승자의 주머니 속에는 꿈이 있고 패자의 주머니 속에는 욕심이 있다. 욕심만 가지고 되는 일은 없으리라."

나무가 없다면 바람은 자신의 소리를 들을 수 없을 테니까!

고2 중3 중요한 기로에선 손녀딸들에게 진로에 방해 없는 순탄한 길이 열리기를 빈다. 우리 손녀딸 윤혜원, 윤지원 파이팅! 신나는 토요일이다. (2017. 8.)

자연과의 만남

입추가 지난 지 3일째다. 벌써 아침저녁 공기가 다르다.

연일 폭염주의보에 온 국토가 열기로 가득하더니 폭염은 사라지게 마련인가보다. 어쩜 24절기는 이렇게 확실한지. 조상들의 지혜가 늘 돋보인다.

창을 열고 잠을 청해 본다. 밝은 보름달이 내 창가에 머물러 잠을 방해한다.

손녀 혜원이 네 살 때 생각이 난다. 아들이 영국 런던 옥스퍼드대 우주 천문학 연구원으로 있을 때, 애비 따라가서 머무를 때였다. 창문에 비친 환한 달을 가리키며 "할머니 저 달이 한국서 본 그 달이예요?"라고 물었다. 그때 그달도 보름달이었다. 네 살 적 어린 마음에도 둥근달을 바라보는 마음의 여유가 있었는데, 혜원이는 이제 어엿한 고교 2학년, 공부에 시달리는 현장에 있다. 지금은 달을 보아도 그런 낭만이 공부에 밀려 사라졌을까? 공부에 바빠도 마음만은 쫓기지 않기를 바라는 마음이다.

귓가에 들리는 풀벌레 소리 중 귀뚤귀뚤 귀뚜라미가 운다. 틀림없는 귀뚜라미 울음소리다. 지구가 온난화로 변해 가고 있다니 절기의 특성이 살아질까 두렵다. 우리 자손들이 살아가기 편한 지구가 되기를 간절히 기원한다.

올해 피서지는 전철로 편히 갈 수 있는 경기도 양평군 양평으로 정했다. 서울서 가깝고 온천도 있기에 가끔 가는 곳이다. 남한강 식수보호지역으로 정해진 청정지역이다. 반딧불이가 서식하는 곳이기도하다. 서울보다 2도, 3도 쯤 기온이 낮음을 금방 피부로 느꼈다. 맑은 공기 덕분인 것 같다.

2일째 되는 날, 용문산 계곡에 발을 담갔다. 피서 중 가장 확실한 피서를 했다. 계곡의 물 그리고 용문산에서 흐르는 물이 폭포처럼 소리 내어 넘치며 흐른다. 가뭄에 왔을 때와 많은 차이를 보였다. 얼마 전 폭우가 쏟아질 때 평상을 치우려던 두 사람이 떠내려가는 사고가 방송에 보도 되었다. 화면에 비칠 때 보니 우리가 머물던 그 자리였다. 집중 폭우의 위력을 본 셈이다. 소름이 돋았다. 용문사 앞 수령 1100년이라는 은행나무 있는 곳에 갔다. 지금도 가지가 꺾어질 정도로 은행이 달렸다. 매해 여덟 가마니의 은행을 수확한다니 놀랍다. 사람으로 치면 몇 살까지 자손을 번성시킨다는 말인가? 우리 아파트 단지에 수령 400년인 은행나무가 있는데 열매를 한 번도 맺지 않았다고 들었다. 나무의 암수 차이가 이렇게 극명한 것인지?

만약 우리 단지 내의 은행나무에서 열매가 달린다면 열매 익을 때의 냄새로 주민들이 얼마나 들끓었을까? 아마 그래서 재개발 할 때 나무를 보존했을 거란 추측이 간다. 열매는 안 맺어도 얼마나 큰 몫을 하는지 모른다. 그늘을 제공하고, 공기를 맑게 정화해 주고, 늠름한 활기를 주민들에게 주지 않나? 오늘 아침에도 은행나무 아래서 운동을 하고 기를 받으며 하루를 시작했다.

서울로 오는 길엔 경기도 양수리 소재 세미원에 들렸다. '물을 보며 마음을 씻고, 꽃을 보며 마음을 아름답게 하라'는 뜻으로 지어진 이름이라 했다. 더위에도 많은 사람들이 구경하며 더위를 잊고 있었다. 마침 몇 번 왔어도 처음 접하는 행운을 얻었다. 국보 180호인 추사 김정희 선생의 세한도를 상세히 설명 해놓은 '약속의 정원'을 둘러볼 기회를 접했기 때문이다.

대학자이신 김정희 선생이 억울한 누명을 쓰고, 우리나라 맨 남쪽 제주도 끝자락 대정 고을에서 귀양살이를 하게 되었다. 말이 바다인 제주도지 바다를 바라보지도 못하는 유배지였다고 전해진다. 가시 울타리가 쳐진 외딴 초가집에서 외롭고 쓸쓸한 삶을 사셨던, 추사 선생의 공허하고 텅 빈 마음을 뻥 둘린 가슴의 하루 방을 통해 표현하고, '추사 하루 방'이라 명명해 놓은 하루 방이 있는데 모두들 그곳에서 사진을 찍었다. 우리도 한 컷 포즈를 취했다.

조선 후기의 대표적인 서예가, 금석 학자, 실학자이시다. 충남 예산에서 이조판서 김노경의 맏아들로 태어나서 어린 시절부터 신필로 알려져 두각을 나타냈다. 1809년 생원시에 합격하고 1819년 문과에 급제한 후, 충청 암행어사 예조참의, 성균관 대사성을 거쳐 1837년에 병조참판이 되었으나, 반대파의 중상모략에 의해 1840년부터 1852년 까지 제주도와 함경도 북청 등에서 유배 생활을 하였다. 유배 생활 중 본인의 심경과 제자 이상적에 대한 고마움을 표현한 걸작 세한도를 완성하였다. 그는 시와 그림 글씨 등의 예술 세계에서 천부적인 재능을 발휘 하였으며 특히 서예는 독특한 서체인 추사체로 서예사상 최고의 경지를 이루었다.

한옥의 아름다움과 추사 김정희 선생의 발자취를 느낄 수 있는 충남 예산 생가 고택도 가 보았고, 추사체 붓글씨도 배워 보았으나, 그의 자세한 삶에 대한 정보는 처음 접함이 부끄럽다. 예나 지금이나 이름이 나면 시기가 있고 어려움이 있는 법. 그래서 더 돋보이는 추사 김정희 선생을 세상 사람들이 귀히 여기는 인물로 꼽는지도 모를 일이다. 그런 역경 조건이 없었다면 과연 추사의 재주가 이렇게 뛰어났을까?

지난해에도 세미원에 들렀는데 풍성한 연꽃에 매료되어 탄

성(?)만 지르다 사진 찍기에 바쁜 시간을 보내고 왔다. 이번 기회에 뜻있는 역사 공부를 제대로 한 셈이다. 지난 해 보다 한 달이나 늦은 때라 연꽃이 다 진줄 알았는데 늦게 피는 연꽃 연못이 따로 있어서 그런대로 풍성한 꽃을 볼 수 있었다. 행운이었다. 연꽃 특유의 풍성함, 색깔과 줄기의 튼실함, 지구를 싸서 들고 다녀도 남을 듯한 커다란 잎, 모두가 보는 이의 마음을 넉넉하고 편안하게 해주었다. 늦은 점심 메뉴는 당연히 연잎 밥이었다. 커다란 접시 위에 연잎 보따리를 풀 듯 펼친 연잎 속엔, 차진 찰밥에 은행, 작두콩, 밤, 대추 등이 들어 있었다. 입맛을 돋우어 주는 영양밥이었다. 집으로 향하는 발길에 힘을 실었다.

8월 20일까지 야간 개장도 한다고 홍보중이다. 야간 경치도 볼거리일 것 같다. 조각가들의 조각품 전시회, 화가들의 연꽃 그림들이 전시되어 있어 풍성한 피서의 말미를 장식했다. 세미원, 내년에도 다시 가고 싶은 곳이다.

(2017. 8.)

제주도로

김포공항 들어서자마자 기다렸던 동호와 오성이가 달려들며 반긴다. 감기가 심해 못 갈지도 모른다 했는데, 애들이 약속을 지킬 수 있을 만큼 좋아진 모양이다. 반가움이 더했다. 제주행 비행기에 오를 시간이 되었다.

딸 내외가 저희들 결혼 10주년에 친정 부모인 우리를 제주로 초대 동행하는 제주여행이다. 저희끼리 오붓하게 갈일이지 왜 우리를…? 의아하기도 하고 처음엔 사양하기를 수차례. 아버지는 연말을 앞두고 중요한 모임을 취소하고 응했다. 완강한 제의를 물리치지 못하고 같이 가기로 했다.

50분 만에 내린 제주공항. 바람도 없고 아주 따뜻한 12월 날씨라 믿기지 않을 정도였다. 제주도 하면 골프 갔을 때 마다, 바람에 모자가 날아가는 곤욕을 치른 기억이 있는 곳이다. 이런 날씨니 얼마나 다행인지! 어린 동호와 오성이가 온 것을 제주도가 환영이라도 하는 듯 기분이 좋았다. 이런 얌전한 제주 날씨는 제주여행 중 처음이다.

시집 갈 때도 친정부모인 우리에게, 황금색 이불을 해 주고 갔다. 어디서 들었는지 황금색 이불을 해드리고 가면, 부모님이 장수 한다고 했단다. 그 때 그 마음이 한결같은 우리 딸이다. 이번에도 갸륵한 마음을 보였다. 몇 해 전 애들이 어렸을 때 양평 콘도에 같이 간적이 있다. 그때는 애들이 어려서 쫓아 다니기 바빠서 재미를 몰랐는데 말이 통하니 같이 여행하는 재미가 쏠쏠했다. 군고구마와 은행을 사서 바닷가 창이 있는 카페서 먹던 일도 여행 중 추억이 되었다. 편식이 심한 동호는 밥 세끼 외엔 먹는데 관심이 없는 게 늘 걱정거리였다

나는 시장기를 참지 못한다. 그래서 늘 외할머니는 먹는 것 좋아 하니 저한테 자꾸 먹으라 한다고 불평할 때도 있다. 그래 동호야! 네가 위(밥통)가 없는 외할머니를 어찌 이해하겠느냐?

바닷가에서의 산책길, 그동안 도심에 묻혔던 먼지를 떨어 헹구어 내고픈 마음이 제주가 최적이란 생각이 들었다. 망망대해를 바라보며, 하늘에서 빗물이 내려 땅으로, 그리고 강을 이루고, 마침내 바다까지 온다는 것을 아는 기회가 되었으면 하는 마음이다. 어린 시절인데도 분주한 서울의 아이들, 우리가 자랄 때 같은 마음의 여유도 없음이 유감이다. 자연과 쉽게 접하는 기회도 드물어 아쉬운 마음이었는데, 펼쳐진 제주의 자연을 맘껏 보여 주고 싶다. 이때다. 우리 머리 위로 멀리서 갈매기가 노래하며 날아든다. 새우깡 같은 과자를 들고 있으면 잽싸게 채가는 진풍경도 언젠가 인천에서 목격 했었다. 푸른 바다의 파도소리가 서울의

소음에서 무뎌진 귀를 깨끗이 씻어 주는 듯 청량감이 든다.

겨울 방학 전 휴가를 내더니 남들하고 때를 비켜서 다니니까 가는 곳마다 한산하여 보고 싶은 곳을 골라 보는 재미도 쏠쏠했다. 현명한 생각을 했다.

수제 초콜릿 만드는 체험도 두 애들이 한가롭게 참가했다. 자신들이 만든 초콜릿을 예쁜 상자에 담고 나와, 기다렸던 우리에게 전하는 순간 얼굴의 미소가 날을 듯 했다.

제주 항공우주박물관도 들렸다. 평소에도 외삼촌을 좋아하는 동호다.

천문 우주학을 연구하는 외삼촌을 염두에 두었는지, 많은 관심을 가지고 긴 시간을 유심히 보고 관찰하는 태도가 미래 과학자 같았다.

고대로부터의 동서양 천문학의 역사, 우주개발의 현장과 미래 우주시대의 모습, 태양계와 은하계, 블랙홀 등, 우주 생성의 신비를 살펴보는 공간이었다. 상상 속의 공간을 통해 미래 우주 시대를 향한 열정과, 꿈을 키우는 방대한 볼거리들이었다.

항공 역사관도 들렀다. 하늘을 향한 인간의 상상, 실현을 보여주는 공간이었다. 라이트 형제가 만든 최초의 동력기 플라이어호, 찰스린드버그의 대서양 횡단비행 제트 엔진의 개발, 헬리콥터의 발명 등 항공기술의 발전상을 알아보는 곳으로 꾸며진 곳이었다. 이곳도 흥미를 더해 오랜 시간 보고 만지고 흥미진진해했다. 하늘을 보는 과학 천문학을 소개하는 천문우주관, 우주를 향한 인류의 파노라마를 보는 재미를 더해 갔다.

사람이 태어나 성장한 곳의 영향을 강하게 받는다 했다. 동호도 은연중 외삼촌의 연구심을 엿보는 것 같았다. 제주에서의 3박 4일 동안, 아침 식사는 딸과 사위가 방에서 준비했다. 사위가 렌트카로 관광에 나선 일도 사랑으로 한 일이었다. 동호 오성이가 함께 한 딸 가족에게 한없는 효도를 받았다. 하늘 아래 제일 멋진 여행이었다.

(2017. 12.)

양화진(楊花津)에 가다

늘 매주 수요일은 분주하다. 오늘은 수필 반에서 야외수업을 가는 날이다.

승용차 두 대로 떠난 인원은 교수님 포함 여섯 명에 불과했다.

가는 곳은 양화진(楊花津). 서울시 마포구 합정동에 위치한 외국인 묘역을 이렇게 부른다. 100주년 기념교회가 바로 옆에 있었다. 이곳은 버드나무가 유난히 많았다 한다. 버드나무 사이로 한강물이 출렁이던 곳이었을 것 같다. 한강 나루터가 여기였을거란 추측이 간다. 이곳에 자리한 외국인 선교사 묘역은 1890년에 조성된 곳이라 한다. 경치 좋은 한강

변에 세워진 것도 그때 정부에서 잘 한 일이란 생각이 들었다. 지금은 옆에 2호선 전철이 지나고 자동차의 물결이 번잡하게 변했다.

도착 후 우연히 중국인 관광객들과 합류하여 설명을 들었다. 희생된 선교사님들의 정신이 헛되지 않기를 바라는 마음으로 찬 공기도 이겨야한다는 생각조차 들었던 아침이었다.

연세대를 설립한 언더우드 일가, 이화여대를 설립한 메리 스크랜턴, 배제학당을 창설한 아펜젤러, 배화 학당을 세운 조세핀 캠벨, 우리가 익히 아는 크리스마스 씰을 발행하여 결핵 퇴치에 앞장섰던 셔우드 홀. 고아를 위해 일생을 바친 소다 가이치, 그 옆엔 고종의 외교 고문으로 독립운동에 몸 바친 호머 헐버트 묘원 초입엔 항일 운동을 펼치다 고문 후유증으로 생을 마감한 대한매일신보 창간 자 어니스트 베델, 고종의 외교 고문으로 독립운동에 몸 바친 호머 헐버트의 묘비가 우뚝 서 있었다. 1886년 23세 나이에 한국에 처음 온 헐버트, 그는 선교뿐 아니라 교육에도 관심을 가졌다고 한다. 한국인보다 한국을 더 사랑한 이방인들의 흔적을 보았다. 이 선교사들의 한국 사랑이 감동을 넘어 우리 종교가 바로 서기를 간절히 바란다. 1905년 을사늑약의 부당성을 세계에 알렸고, 1907년 헤이그 만국평화회의 특사 파견을 이끌었다. 일제에 의해 미국으로 추방당한 그는 그곳에서도 조선의 독립을 외치며 "웨스트 민스트 성당보다 한국 땅에 묻히길 원하노라."고 되뇌곤 했다. 이렇게 지켜온 우리 대한민국을 옳게 지키지 못하는 위정자들이 한심한 이때다. 기적 같은 우연한 일로 결국 한국에 묻히고 싶다던 꿈을 이룬 헐버트. 1949년, 헐버트는 광복절 행사에 참석초청을 이승만 대통령으로부터 받았다. 86세 노구를 이끌고 기쁜 마음으로 한 국행 선박에 올랐다. 7월 29일 한국에 왔으나 여독을 이기지 못해 일주일 만에 서울 청량리 지금의 삼육대 서울병원에서 운명을 달리해 양화진에 묻혔다.

'헐버트 박사의 묘'라 쓰여 있다. 일곱 글자의 묘비명은 비어 있다가 1999년에서야 많은 이들의 노력 끝에 김대중 대통령의 글씨로 새겨 넣었다는 기록이 있다. 벽안(碧眼)의 이방인에게 졌던 빚을 50년 만에 갚은 셈이다.

젊은 선교사들, 그리고 어린 아이들까지 묻힌 가족 묘원 앞에선 숙연한 마음이 발길마저 무겁게 했다. 묘비 중엔 6·25때 총탄 맞은 자국도, 표면이 벗겨진 묘비도 보였다.

6·25때 총탄에서 벗어난 곳은 과연 어디였을까? 총탄의 충격이 이곳에 까지 미쳤었구나! 씁쓸한 생각들이 꼬리를 문다.

선교사들의 한국을 향한 열정은 하나님의 섭리였다고 말하는 이들이 옳다. 이보다 더 큰 사랑이 없나니, 우리는 병들고 소외된 이들에게 무엇으로 보답해야 할까 하는 심정으로 선교사들의 영면을, 그리고 후손들에까지도 복을 빌어주어야할 의무가 있다고 생각한다. 지금도 뜨뜻미지근하게 믿음 생활 이어 가는 내 자신의 부끄러움을 어쩌랴! 하나님은 한국의 복음화를 위해 준비 하고 계셨음을 증명해 주는 일이 아닌가.

숙연한 마음 안고 절두산 순교성지로 향했다. 그리고 강서구 가양동 소재 양천향교와 정선 겸재 미술관을 관람 후 안경환 총무의 새로 이사한 집에 들려, 차와 과일 등 융숭한 대접을 받았다. 차를 제공해주신 한혜정, 유경희 회원께 감사드린다. 점심으로 갈비탕은 내가 샀다. 야외 수업은 늘 다음을 기다리게 한다. 일찍부터 서둘렀기에, 여러 곳을 둘러본 야외 수업 이었다. 흐뭇한 마음으로 귀가 길에 올랐다.

(2016. 11.)

이중섭 백년의 신화 전(展)

비 내리는 오후. 정원에 피어오를 안개를 상상하며, 덕수궁 뜰에 들어섰다. 비오는 날이라 한가할 거라는 예상은 빗나갔다. 여전히 인파로 붐볐다. 정말 '백년의 신화'를 남긴 화가 이중섭이구나라는 생각이 들었다. 이슬비 내리는 날씨가 미술 감상에 최적인 분위기다.

이중섭은 1916년 평안남도 평원의 부유한 가문에서 태어나 평양, 정주, 도쿄에서 학업을 쌓았다고 한다. 일제 강점기 일본에서 화가 활동을 시작했고, 함경남도 원산으로 돌아온 후 해방을 맞았다. 한국전쟁으로 제주도, 부산 등지에서 피란 생활을 했고, 전쟁 직후에는 통영, 서울, 대구 등

지를 전전하며 열악한 환경 속에서도 열정적인 작품 활동을 하다가 1956년 41세의 나이로 이승을 떠났다.

앞발을 번쩍 든 소가 먼저 눈에 들어온다. 작가가 가족에게로 달려가고픈 마음을 그렸을 것 같다는 생각이 들었다. 하얀 소, 그리고 누런색의 황소 그림도 있었다. 민족의 상징인 소를 서슴없이 그렸고 한없이 암울한 현실을 자조하는 그림을 남기기도 했다고 전해진다. 그는 무엇보다 자신의 감정표현에 충실한 정직한 화공이 되고자 했고, 한국의 전통 미술 혼이 발현된 민족의 화가가 되기를 소원했다.

그러나 사랑하는 가족과 헤어진 후 사기로 인한 빚에 시달렸고, 생활고 속에서 거식증을 동반한 정신적 질환으로 불행한 말년을 보내야했다. 결국 쓸쓸하고 애잔한 작품들을 뒤로 한 채

홀로 세상을 떠났다니, 한국의 파란만장한 역사 속에서 한 천재적 예술가의 꿈과 좌절이 생생하게 다가온다. 이런 전시회가 오늘을 살아가는 우리들에게 삶과 예술의 의미를 성찰하는 계기가 되었으면 좋겠다.

어린이들이 장난치며 소불알을 만지는 그림에선 아이들과도 눈만 껌뻑이며 순응하는 착한 소의 모습을 보여주었다. 어릴 적 우리 집 소가 떠오른다. 집 안 마당 끝, 대청마루에서 바라다 보이는 곳에 소 외양간. 수시로 먹이 먹을 때 가까이 가서 머리를 쓰다듬어 줄 때도 큰 눈을 껌뻑이고 있었다. 큰 눈망울을 가진 소가 나는 좋았다. 좀 괴롭혀도 뒷발길은 안 할 것 같았다. 큰 눈을 들어 물끄러미 바라보는 눈이 평화로웠다. 소죽 쑤는 할아버지 곁에서 아궁이 불에 밤을 구워 먹었던 일도 떠오른다. 동틀 무렵 할아버지 대문 여는 소리에 눈 비비고 나가 동네 감나무와 밤나무까지 한 바퀴 돌아오곤 했다. 주머니엔 감과 밤이 불룩했다. 동네에서 제일 먼저 일어난 아이가 나였다. 잠이 없는 아이로 불렸다. 지금까지도 잠이 적은 편이다. 나이드니 더욱 그렇다.

소에 얽힌 머릿속 기억은 또 있다. 대문 뒤 큰 항아리에 흰 콩이 늘 담겨 있었다. 소 죽 쑬 때 한줌씩 넣기 위한 콩이었다. 어느 날 아이들과 마당에서 노는데 우리 소가 큰 마당을 빼빼 돌며 괴로워했다. 외양간서 고삐가 풀려 항아리의 콩을 많이 먹은 사건이었다. 얼마나 많이 먹었는지! 콩이 뱃속에서 불어서 괴로워하는 것이라 했다. 많이 먹으면 "돼지처럼 먹는다"하지 소가 미련하게 많이 먹는 동물인 줄 몰랐다. 아마 그 소가 죽어서 동네 사람들이 소고기를 포식하는 잔치를 한 기억이 있다. 많이 놀라고 불쌍했다. 소고기 즐기는 동네 사람들이 미웠다. 소는 내 기억 속엔 순하고 평화로운 동물로 자리하고 있다. 이중섭 전시회를 두 번씩이나 챙겨 보는 이유도 그런 소에 얽힌 기억들 때문이리라.

전시회를 관람하는 내내 6·25의 잔상이 떠올랐다. 이중섭이 부인에게 보낸 편지에서 그녀를 향한 사랑의 언어가 모자라 다 표현 못하던 심경을 읽을 수 있었다. 아들 태현, 태성을 떠올리며 그대와 나와의 아름다운 결실이라던 두 아들에게 "학교서는 춥지 않느냐?", "아빠는 그림을 열심히 그리고 있다", "자전거 열심히 연습해 두어라. 아빠가 자전거를 사 갈 테니!"라고 한 약속. 철석 같이 했던 약속에 어린 마음이 얼마나 부풀어 있었을까? 그림을 팔아 자전거 사주기로 한 약속은 지켜지지 않았다 한다. 화공으로서 면목 없는 일이었으리라, 그리고 아빠로서도.

친구 집에 어렵게 얹혀 지낸 적도 있다니 얼마나 가족 생각이 났을까? 그 형상을 그림으로 몸소 표현한 작가, 거식증으로 인한 영양실조로 요절한 셈이다. 미술관 한 편에 이중섭에 대한 그리움을 엽서에 적어 표하는 코너가 마련되어 있었다. 이중섭의 가족사. 그리움으로 마친 생을 심히 안타깝게 생각한 배려란 생각이 든다. 이중섭의 어린 아들 둘이 아빠를 그리듯이 어린이들의 생각을 적으라는 뜻일 것도 같았다.

어느새 그 코너에서 엽서를 쓰고 있는 나를 발견했다. 갑자기 돌아가신지 3년 되신 오빠께 현재 그리운 마음을 적어서 하늘나라로 띄웠다. 그러고 돌아서려는데 웬 오빠를 닮은 노신사가 서 있는 게 아닌가! 환상이었다. 미소 띤 그 얼굴은 이내 사라졌다. 순간 뜨거운 눈물이 두 볼을 타고 흘렀다. 덕수궁 미술관에서 오빠를 만날 줄이야! 행운이었다. 이중섭이 가족을 그리워하며 객지에서 혼자 세상을 떠난 일은 하늘도 통곡하지 않았을까? 우리 오빠의 영혼도,

가족 앞에서 운명은 하셨지만. 우리가 당신을 그리워하는 이상으로 가족을 그리시겠지! 눈물은 다시 펑펑 쏟아졌다. 혼자 오기를 참 잘 했다는 생각이 들었다.

이중섭 화가가 떠난 지 60주년. 가장 아름답고 소중하고 또 소중한 기쁨의 샘이라던 미망인 이남덕 씨는 지금도 생존해 있다. 100년 세월 중 혼자 살아온 세월이 60년, 그래서 "백년의 신화"라 부제를 부쳤는지도 모르겠다. 결혼 생활도 떨어져서 그리워했던 시절이 거의 다였다 한다. 그림으로라도 표현을 안 했더라면 어떻게 분출했을까? 마음을 자기가 가진 재주로 표현할 수 있었으니 행복이라고 해야 할까? 행복이란 단어를 쓰기조차 민망하다. 그러나 그 기다림, 견딤 속에서도 순간순간 짜릿하게 사랑을 느낀 적도 있었음이 다행 아닌가?

공개한 편지에 이런 구절도 있었다.

…내가 당신 만남은 그 자체로 신비이며 참으로 신비한 기적이라오. 하늘도 감동할 그대의 따스한 마음에 깊이 감사하오. 용기백배 기다려 주오. 인류 사회의 모든 사랑 합쳐도 서

로를 뜨겁게 갈구하는 진정한 사랑에 비할 수 없을 테지요. 나만의 보물 나만의 현처, 진정한 천사, 더욱 서로 사랑하며 뜨겁게 격렬하게 하나로 녹아요. …" 이런 굳게 맹세한 약속들은 허공에서 산산 조각난 형상이 되었다. "…그대와 두 아이를 가슴 가득 안고 더욱더 힘을 내어 열심히 창작하겠습니다. 쏟아지는 햇살의 아름다운 자연을 바라보다가 당신의 모든 것을 떠올려 봅니다. …"

싱그러운 아침의 기운으로 태양보다 뜨겁게 파란 이파리보다 더 파랗게 하늘나라에서 만나 빛나기를 빌 뿐이다. 나도 지금 연애할 수 있는 나이라면 위에 쓰여진 열정적인 표현으로 프로 포즈를 하고 싶은 마음 가득하다.

소같이 느리게 그러면서 황소처럼 힘차게 살아가는 인생은 어떨까? 미술관을 나서는 가라앉은 마음에 안개비는 아직도 조용히 내리고 있었다. (2016. 8.)

가을밤 별빛 아래

10월 7일(음력 8월 25일)은 별이 유난히 빛나는 밤이었다. 연세대학교 노천극장에서 대한민국 대표 음악 프로그램인, 열린 음악회가 열리는 날이다. 아름다운 음악의 선율과 함께 잊지 못할 추억을 남기는 현장에 가다니 마음이 설렌다.

남편이 연세대학교 대학원 졸업생으로 백양로 재창조 봉헌식에 초청받았다. 졸업 때 조금 기부한 인연이다. 연세대학교가 학교 안 백양로를 차 없는 공간으로 정비하는 대규모 사업을 마무리했다. 2년간에 새로 단장한 백양로 재창조 봉헌식이 열리기 전, 이를 기념하는 퍼레이드가 진행되는 모습은 장관이었다. 음악대를 필두로 응원단과 학위 가운

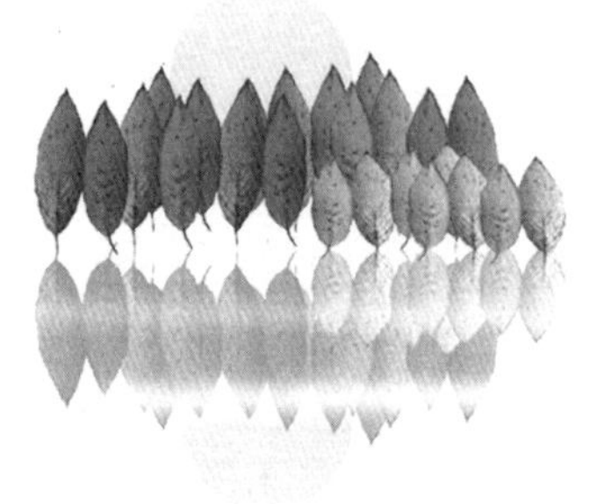

입은 교수, 학생 등 3,000여 명이 참여한 행사였다. 백양로를 녹지로 바꾸고, 지하는 주차장과, 차량이동로로 교육 문화시설 등으로 조성하는 사업의 마무리 기념행사였다. 중앙차도를 지하화 하고 보행자 중간 중심 공간으로 재창조하면서 교육과 문화시설을 확충해 연세대 제3 창학의 기틀을 마련하고자 한 것이라는 정갑영 총장님의 설명에 동감이다.

음악회는 7시 30분인데 미리 가서 줄을 섰다. 서대문구 주민이 다 모였다 할 정도의 인파. 그야말로 인산인해다. 서울역에 추석명절 귀성객을 방불케 했다. 노천극장의 규모는 알았지만 세 줄로 늘어선 사람들은 총장공관 앞까지 이어졌다. 이 많은 사람이 다 입장할 수 있을까? 아들 내외는 교수 가족으로 봉헌식 행사부터 이 시간까지 남편과 함께했다. 색깔로 구분된 보라색 초청장을 가진 우리는 이층에 자리했다. 길게 늘어선 인파는 서서히 뱀 꼬리 감추듯 자리를 메웠다. 엄청난 크기의 노천극장은 사람들로 가득 찼다. 가을의 낙엽 떨어지는 형상과 낙엽이 바람에 뒹구는 그대로를 표현한 무대장치. 맘모스 격의 준비에 놀랐다. 자리는 저절로 정돈이 되었다. 초청된 사람들의 시민의식은 수준급이었다. 며느리는 우리가 추울까 봐 담요와 오리털 파카까지 준비해 오는 사랑을 보였다. 남편과 나의 옆자리에 시드니에 사는 동생이 함께 하여 더욱 더 뜻있는 자리였다.

PD가 하는 일이 무엇인지를 알게 되었다. 준비 과정 하나하나가 PD의 지휘에 따른다는 사실을 알게 되었다. 관중을 무장시키는 일도 그럴듯했다. 연세대학교 응원 대장의 출연이었다. 이도 신선한 발상이라는 생각이 들었다.

이어서 사회자 등장. 이현주 아나운서의 진행이었다. 차례로 연세대 출신의 가수와 성악가의 등장. 가수 김광진의 노래 '편지', '마법의 성' 열창에 윤도현의 신나는 밴드가 한껏 흥을 돋우었다. 소프라노 강혜정, 테너 강무림의 듀엣도 좋았다. 오페라 아리아 중 'Dein ist mein ganzes Herz', '그대는 나의 모든 것'이란 곡인데 내가 좋아하는 가사라 따라 불러보았다.

나의 마음은 모두 당신 것이요
그대 없이 나는 존재할 수 없소
태양이 꽃에 입맞춤 하지 않을 때
마치 그 꽃이 시드는 것처럼
나는 당신을 사랑 하오~~

안치환의 '사람이 꽃보다 아름다워', 윤형주의 '우리들의 이야기', '두 개의 작은 별' 노래는 언제 들어도 마음이 안정되며 향수를 불러일으키는 노래였다.

우리 엄마 아버지께서 KBS공개홀을 자주 가셨던 기억이 난다. 집에서 편히 볼 수 있는 걸 왜 그곳까지 가셨나? 하던 내 마음에 변화가 일어나는 순간이었다. 출연자들과 호흡을 맞춘다는 것이 무엇보다 신나고 젊어지는 느낌이었다. 재학생 동아리들의 깜짝 출연도 많은 박수를 받기에 충분한 분위기였다. 그들이 전신을 흔들 듯 함성까지 곁들인 몸짓은 무얼 뜻하나? 젊음. 그 두 글자가 답이다.

오늘의 마지막 순서가 이어지고 모든 행사의 종료 순간이다. 의미 있는 날의 표현을 불꽃놀이가 대신했다. 환상적인 불꽃은 갖은 빛을 쏟아냈다. 야호! 노천극장의 자리는 달랐지만 같이 호흡하던, 아들 내외와 아쉬운 작별의 시간. 아들이 몸담고 있는 연세대학교의 끊임없는 발전에 박수를, 그리고 감사를 드린다. 연세대학교여! 영원무궁 하라!! 우리들이 인사를 나눌 때, 별이 반짝이는 연세대 노천극장의 가을밤은 깊어가고 있었다. (2015. 10. 7.)

당신과 나

당신 괜찮아요? 당신은?
서로 묻는다.
숨소리도 확인하는 습관이 생겼다.
콧김이 나오나 조심스레 손을 대본다.
얼굴만 마주쳐도 오늘은 어디가 아픈가?
근심 띤 얼굴로 살핀다.
웃으면 안 아픈 줄 알겠지
미소를 띠운다.
억지로 띠는 미소가 아름다울 수가 없다.
이렇게 하루를 맞고 또 보낸다.

한 지붕 밑 노부부의 모습이다.
그래도 행복한 것은 함께해서다.
아름다운 풍경이라 여기며 산다.
진정한 꿈이란 평생간직하며
삶을 지탱할 수 있는 것이어야 한다.
우리 자녀들도 각자 개성 넘치는
각자의 꿈을 이루도록 염원하는 마음은 하나
남편도 나도 같은 마음이다.

사랑하는 동호에게

오늘도 씩씩하게 월촌초등학교로 향하는 동호를 생각한다.

재미있고 유익한 시간되기를 기도한다.

요즘같이 햇볕이 뜨거울 때는 운동장에서 놀 때 모자를 써야 좋겠다.

금요일은 수학 학원, 그리고 수영장 가는 날이지?

재미있겠다. 물 조심하고, 미끄럼 주의해. 물에 들어가기 전엔 준비 운동 꼭 하고.

양평에서의 연휴도 잘 지내고 오기를 빈다.

여기 보내는 글 동호 자전거 타는 얘기(두발 자전거)라 넣었으니 식구들이 같이 읽어보기를 바란다.

너희들 생각나서 이것저것 넣어 보내니, 골고루 먹기 바라는 마음 알아다오. 동호야! 덥다고 찬 것을 마시고, 먹는 일은 안 좋을 것 같구나.

동호 여름방학 하면 우리 집에 놀러 와라. 차 조심 하고 늘 행복하기를.

동호야! 오성아! 사랑한다.

(2016. 6. 3.)

최학용

- 경기도 평택 출생
- 고려대학교 간호대학 졸업
- 1997년 『문예사조』 수필 등단
- 2000년 『문예사조』 시로 등단
- 2009년 『수필문학』 수필 등단
- 고등학교, 대학교 교내 신문기자(전)
- 중앙여자고등학교 교사(전)
- 88올림픽 독일어 통역 자원봉사(전)
- 중앙여자고등학교 총동창회 회장(전)
- 한국문인협회 회원
- 국제PEN 한국본부 회원
- 한국수필문학가협회 이사
- 성동문인협회 이사
- 『여울문학회』 회원
- 여학사협회 회원
- 연세대학교, 고려대학교, 평생교육원(시 수필) 수료
  이화여자대학교 평생교육원 '이영회' 수료
- 저서(수필집) 『비취반지』 『50년 만의 주례사』

수필문학사 수필선집 / 436

취학용 수필집

50년 만의 주례사

2018년 4월 25일 초판 인쇄
2018년 4월 30일 초판 발행

지은이 / 최학용
발행인 / 강석호

발행처 / 도서출판 敎音社
편집 / 隨筆文學社 편집부

03147 서울 종로구 삼일대로 457 수운회관 1308호
Tel (02) 737-7081, 739-7879(Fax)
e-mail : gyoeum@daum.net
등록 / 제300-2007-52호

* 잘못된 책은 바꿔 드립니다. 값 15,000원

ISBN 978-89-7814-729-3 03810

이 도서의 국립중앙도서관 출판예정도서목록(CIP)은 서지정보유통지원시스템 홈페이지
(http://seoji.nl.go.kr)와 국가자료공동목록시스템(http://www.nl.go.kr/kolisnet)에서
이용하실 수 있습니다. (CIP제어번호 : CIP2018012925)